한국어와 한국 사회

한국어와 한국 사회

한국어를 통해 들여다본 한국인의 자화상

김미형 ■ 김형주 ■ 임소영 ■ 최기호

한국문화사

머리말

짧은 생각이지만 '자화상'을 그리는 까닭은 크게 두 가지로 볼 수 있다. 하나는 제 잘난 멋에 취하여 자신을 칭찬하고자 하는 까닭이요, 또 다른 하나는 자신의 모습을 철저하게 타자화함으로써 치열한 자기반성 내지 자아성찰을 하고자 하는 까닭이다. 이 책에서 말하는 자화상이란 후자에 가깝다. 즉, 이 책은 한국어를 통해 한국인의 언어생활은 물론이요, 한국인의 사유체계를 성찰하는 과정에서 만들어진 결과물이다.

주지하는 바와 같이 90년대 말 외환위기를 극복하고 IT 강국으로 빠르게 발돋움하는 과정에서 한국인의 가치관은 크게 바뀌었다. 집단의 가치보다는 개인의 가치를, 정신의 가치보다는 물질의 가치를, 미래의 가치보다는 현재의 가치를 더 중시하는 경향이 자리 잡기 시작한 것이다.

그로 인해 모든 것이 달라졌다. 개인의 가치를 중시함에 따라 '건강'이라는 키워드가 주목을 받기 시작하였고, 일하는 시간보다 여가를 즐기는 시간을 더 중시하는 풍조가 등장하였으며, 관계비용보다 자기개발비용에 대한 투자가 늘면서 명품의 가치를 필요 이상으로 높이 평가하는 경향이 나타났다. 아울러 이직이나 이혼에 대한 거부감도 크게 줄어들었다. 한국 사회에 대해서는 "1등에 대한 보상이 너무 큰 사회"라는 인식과 함께 경제적으로 불평등하다는 인식, 부정부패가 심각하다는 인식이 팽배하다. 그 결과 최소한의 책임 의식은 고사하고 윤리와 도덕의 가치를 경시하는 사람들이 눈에 띄게 증가하였다.

이러한 상황 속에서 빠르게 진화하는 뉴미디어의 등장으로 인해 소통의 기본적인 패러다임이 완전히 바뀌었다. 비논리적, 비순차적, 비선형 사고방식에 근거한

하이퍼 커뮤니케이션(Hyper Communication) 방식이 등장함에 따라 육하원칙에 따라 조리 있게 말하는 사람을 찾아보기 어렵고, 생각나는 대로 말하고 생각나는 대로 행동하는 사람들로 넘친다. 그런가 하면 비평은 사라지고, 비난만 난무한다.

이 책의 집필 의도는 문제점에 대한 성찰이자 해결책에 대한 성찰에 있다. 우리의 언어생활을 관찰하고, 분석하며, 그곳에서 의미를 끄집어냄으로써 우리가 무엇을 할 수 있는지 방법을 모색하고자 한다. 여러모로 부족하지만 비록 시작은 미약하여도 그 끝은 창대하리라는 말을 믿기에 두서없이 책을 묶어낸다. 디자이너 알렉세이 브로도비치(Alexey Brodovitch)는 자기 자신을 가리켜 "나는 선생이 아니라 학생들의 잠재력을 열어주는 캔 오프너에 불과하다."라는 말을 했다. 아무쪼록 이 책이 학생들의 잠재력을 열어주는 오프너가 되기를 기대한다.

끝으로 우리 학생들에게 우리가 살아가는 이 세상은 '말의 숲'이 아니라 '말의 정원'이라는 사실을 알려주고 싶다. 정원사가 없는 숲에는 생태교란종 식물인 개망초나 돼지풀이 제멋대로 자라고, 볼썽사나운 잡초도 무성하지만, 부지런한 정원사가 있는 정원에는 저마다 개성을 가진 다양한 꽃과 나무들이 건강하게 자랄 수 있다. 우리에게 '말의 정원사'가 필요한 까닭은 바로 그 때문이다.

2013년 가을의 문턱에서

김미형 · 김형주 · 임소영 · 최기호

차례

제01장

언어의 사회성

우리는 단 하루도 말과 글이 없이는 살 수 없다. 매일매일 말과 글을 사용하며 산다. 한국인은 한국어와 한글로, 중국인은 중국어와 한자로, 일본인은 일본어와 가나로…. 비록 그 맛과 멋은 다르지만, 한국인을 가장 한국인답게, 중국인을 가장 중국인답게, 일본인을 가장 일본인답게 만드는 정신의 양식이라는 점에서는 다르지 않다. 따라서 의사소통의 도구인 말과 글을 민족 문화의 정수라고 하는 것이다.

의사소통의 도구로서 말과 글은 인류의 진화 방향과 궤를 같이한다. 말은 두뇌와 발성기관이 발달하면서 등장하였고, 글은 말의 경제적 · 정치적 · 종교적 요구에 부응하기 위해 발명되었다. 아울러 민족 문화의 정수로서 말과 글은 민족의 운명과 함께한다. 민족의 번영은 말과 글의 발전으로, 민족의 쇠퇴는 말과 글의 몰락으로 이어졌다. 따라서 한국어와 한글은 의사소통의 도구인 동시에 한민족 고유의 정신과 역사적 경험이 녹아 있는 사회 · 문화적 산물이라는 점을 잊지 말아야 한다.

언어학자인 마리오 페이(Mario A. Pei)는 지구상에 존재하는 말의 종류가 3000~7000개에 달하는데, 그중에 100만 명 이상의 사용자를 가진 말은 240여 개이고, 1억 명 이상의 사용자를 가진 말은 12개에 불과하다고 주장한다(참고로 2010년 기준 한국어 사용자는 7700만 명으로 추산되며, 사용자 수로 보면 세계 13위에 속한다). 이와 관련하여 유엔환경계획(UNEP)은 앞으로 100년 이내에 최소 3000개의 말이 사라질 것이라고 전망하고 있다. 1달에 2~3개꼴로 소수 민족의 말이 사어(死語)가 되고 있기 때문이다. 문자의 운명 또한 크게 다르지 않다. 400~500개에 달하는 전체 문자 중에 현재 사용되고 있는 문자의 수는 56개가 전부이다(참고로

2010년 기준 한글 사용자는 4000만 명으로 추산되며, 사용자 수로 보면 세계 10위에 속한다). 한마디로 말해 언어와 민족은 하나의 공동 운명체인 것이다.

흔히 '언어'라고 하면 말과 글을 다 포함하는데, 말은 생각과 감정을 음성으로 표현하는 시간 의존적인 매체이고, 글은 생각이나 감정을 문자로 표현하는 공간 의존적인 매체라는 점에서 차이가 있다. 하지만 말과 글은 매체의 특성만 다를 뿐, 사회적 합의에 근거한 객관적인 의미 체계를 가지고 있다는 점에서는 동일하며, 글로서 말의 한계를 보완한다는 점에서 보면 상보적인 관계에 있다고 할 수 있다. 미디어 이론가인 마셜 매클루언(Marshall McLuhan)의 관점에서 보면 글은 말의 확장인 셈이다.

기본적으로 언어는 사회성을 갖는다. 한 개인이 언어를 임의로 바꿀 수 없고, 그 언어는 사회의 물리적·정신적 환경으로부터 자유로울 수 없다. 다시 말해 언어는 그 언어가 통용되는 사회의 제약을 받으며, 그 사회를 비추는 거울로 작용한다. 따라서 언어를 보면 그 언어 사용자의 인격을 알 수 있고, 더 나아가 그 언어 사용자가 어떤 언어 환경에 놓여 있는지 그 사회의 품격을 알 수 있다.

이 책에서 다루고 있는 주제들은 모두 언어의 사회성과 밀접한 관련이 있다. 자세한 내용은 각 장에서 논의하겠지만, 우선 제1장에서는 언어의 기능과 언어의 사회성에 대해 간단히 살펴보기로 한다.

1. 언어의 사회적 기능

언어의 기능은 크게 개인적 기능과 사회적 기능으로 나눌 수 있는데, 대체로 연구자들은 사회적 기능에 초점을 맞추고 있다. 기호학자인 오그던과 리처즈(Charles K. Ogden & Ivor A. Richards)는 정보적 기능과 정서적 기능으로, 언어심리학자인 버트런드 러셀(Bertrand Russell)이나 카를 뷜러(Karl Bühler)는 서술적 기능, 표출적 기능, 호소적 기능으로, 언어학자인 사무엘 하야카와(Samuel I. Hayakawa)는 정보적 기능, 표현적 기능, 호소적 기능, 평가적 기능으로 세분한다.

랭커스터대학교 언어학과의 제프리 리치(Geoffrey Leech) 교수는 언어의 기능을 좀 더 세분하여 정보적 기능, 표현적 기능, 명령적 기능, 미적 기능, 친교적 기능으로 나누는데, 이를 알기 쉽게 설명하면 "밥 한 공기의 탄수화물 함량은 약 70그램이다."라는 말은 정보적 기능, "밥은 나에게 가장 좋은 보약이다."라는 말은 표현적 기능, "아침밥을 꼭 먹어라."라는 말은 명령적 기능, "그날 식구들 밥그릇 속에는 별도 참 많이 뜨더라."라는 말은 미적 기능, "밥은 먹었니?"라는 말은 친교적 기능이라고 할 수 있다.

한편 프라하학파의 창시자인 로만 야콥슨(Roman Jakobson)은 언어의 기능을 대화의 구성 요소를 중심으로 화자 중심의 표현적 기능, 청자 중심의 명령적 기능, 맥락 중심의 지시적 기능, 메시지 중심의 시적 기능, 상호작용 중심의 친교적 기능, 코드 중심의 메타 언어적 기능으로 세분하는데, 이를 알기 쉽게 설명하면 "바람이 시원하다."라는 말은 표현적 기능, "바람이 부니까 문을 닫아라."라는 말은 명령적 기능, '바람'이라는 말로 바람을 가리키는 행위는 지시적 기능, 바람을 아름답게 표현하는 행위는 시적 기능, '바람'을 소재로 친밀감을 표시하는 행위는 친교적 기능, 언어기호에 대한 일종의 주해로서 "하늬바람은 서풍이다."라는 말은 메타 언어적 기능이라고 할 수 있다.

언어의 이러한 기능을 한마디로 말해 의사소통의 기능이라고 하는데, 의사소통의 매체로서 언어는 노래나 춤과 전혀 다른 의미를 갖는다. 노래나 춤은 보는 사람에 따라 해석이 달라질 수 있지만 언어는 그렇지 않다. 적어도 언어는 보편적이고 객관적인 의미 체계를 가지고 있기 때문이다. 게다가 무언극이나 발레마임을 보면 언어가 메시지를 전달하는 데 얼마나 편리한 도구인지 쉽게 이해할 수 있을 것이다. 하지만 그런 언어에게도 표현의 한계와 소통의 한계는 있다.

그럼에도 불구하고 만약에 인류에게 오늘날과 같은 수준의 언어 능력이 발달하지 않았다면 어떻게 되었을까? 어쩌면 지구는 태초의 모습을 그대로 간직하고 있을지도 모른다. 오늘날의 원숭이 무리가 보여주듯 몇 가지 음성 상징어와 몸짓만으로는 문명을 발전시키는 데 한계가 있기 때문이다. 그러나 다행스럽게도 호모에렉투스(Homo erectus)로부터 시작된 변화의 물결은 호모사피엔스(Homo sapiens)를 거쳐 호모로퀜스(Homo loquens)로 이어지면서 인류는 문명의 꽃을 화려하게 피울 수 있었다.

언어를 사용하면서부터 인류는 메시지 전달 효과를 높이면서 비용을 줄일 수 있는 방법을 찾기 시작했다. 실례로 자녀의 잘못된 행동을 바로잡기 위해 벌을 주거나 매를 드는 것은 최선책이 아니다. 무엇을 잘못했는지 구체적으로 알려줄 수 없으므로 행동 개선을 기대하기 어렵기 때문이다. 따라서 메시지를 제대로 전달하기 위해서는 언어를 효과적으로 사용해야 한다. 이와 관련하여 언어사용영역을 세분하면 표현의 과정으로서 '말하기'와 '쓰기', 이해의 과정으로서 '듣기'와 '읽기'로 나눌 수 있는데, 현실적으로 말하기와 듣기, 읽기와 쓰기가 독립적으로 이루어지지 않는다는 점과 읽기가 쓰기를, 쓰기가 말하기를, 말하기가 읽기를 촉진한다는 점에서 이들 네 가지 영역을 고르게 사용하는 균형 잡힌 언어생활이 요구된다.

2. 말의 사회성

갓 태어난 아이는 본능적으로 울음소리를 이용하여 의사소통을 한다. 이후 옹아리 단계를 거쳐 생후 2년이 지나면 서툴지만 말을 통해 의사를 표현한다. 이와 관련하여 언어학자인 마이클 할리데이(Michael Halliday)는 아이들이 언어의 사회적 기능을 중심으로 언어를 학습한다고 주장한다.

언어의 사회적 기능
도구적 기능 - "주스를 주세요."라고 말하며 요구를 표현한다.
통제적 기능 - "저리 가"라고 말하며 다른 사람을 통제한다.
관계적 기능 - "엄마 사랑해요."라고 말하며 사회적 관계를 설정한다.
표현적 기능 - "나는 착해요."라고 말하며 자신의 생각이나 느낌, 개성을 표현한다.
발견적 기능 - "이건 뭐예요."라는 질문을 통해 환경을 탐색하고, 세계를 학습한다.
상상적 기능 - 농담을 하거나 이야기를 만들어내고, 상상의 나래를 펼친다.
표상적 기능 - 사실과 정보를 정확하게 전달한다.

[표 1] 언어의 사회적 기능

언어를 학습하는 과정에서 가장 중요한 것은 언어 환경이다. 어떤 언어 환경에 노출되느냐에 따라 개인의 언어 스타일이 결정되기 때문이다. 여기에서 언어 환경이란 가정과 사회를 가리키는데, 좀 더 구체적으로 말해 아이들이 대부분의 시간을 사용하고 있는 학교 환경이나 SNS 환경을 뜻한다. 이 중에서도 SNS로 대표되는 탈대중매체 환경은 현재의 발전 속도를 감안할 때, 그것이 미칠 부정적인 영향에 대한 신중한 접근이 필요하다. 대체로 아이들은 특정 언어 환경에 노출되면, 그 언어를 무비판적으로 수용하기 때문이다. 오늘날 비규범적인 통신 언어가 일상생활에 널리 통용되고 있는 것은 물론이요, 부지불식간에 통신 언어를 사용하는 방식이 하나의 문화로 자리 잡았다는 사실을 결코 간과해서는 안 될 것이다.

이렇게 형성된 언어 스타일은 언어 공동체의 정체성을 드러내는 수단으로 인식되며 개인에게서 개인에게로 확산되는가 하면 세대를 거쳐 계승되기도 한다. 따라서 특정 사회 구성원의 언어를 분석하면, 그 사회의 문화를 이해할 수 있다. 이는 언어를 사용하는 방식이 그 사회의 문화적 전통과 밀접한 관련이 있기 때문에 가능한 일이다. 과거의 언어와 현재의 언어를 비교하고, 대도시의 언어와 소도시의 언어를 비교하는 것만으로 역사를 이해하고, 한 도시를 이해할 수 있는 것이다.

이는 나라와 나라에도 적용할 수 있다. 실례로 강현석(2002:366)은 일본인과 사모아인의 문화를 비교하여 일본어와 사모아어에 어떤 차이가 나타나는지 살펴보았는데, 일본인은 대화를 할 때 상대방의 감정을 고려하여 말을 하는데 반해, 사모아인은 자신의 감정을 고려하여 말을 하는 특징이 있다는 사실을 알아냈다. 즉, 사모아인은 상대방에게 자신을 동정하도록 만들어 의견을 일치시키거나 지시를 수용하게 만드는 방식을 사용하는 것이다. 실제로 사모아어에는 정의 표지어(affect markers)가 발달해 있으며, 사모아인들은 아이들이 타인에 대한 동정을 나타내는 언어보다 자신에 대한 동정을 나타내는 언어를 먼저 습득하도록 가르친다. 예를 들어 엄마에게 물을 달라고 할 때, "불쌍한 나에게 물을 주세요(mai ua vai deika)."라고 말을 하는 식이다.

동일 문화권 내에서도 언어의 시간 축과 공간 축, 계층 축을 움직이면 언어의 사용 방식이 달라지는 것을 볼 수 있다. 이는 축의 변화에 따라 삶의 방식이 달라진다는 것을 의미한다. 한때 반상의 차이를 드러내던 '소인'이라는 표현이 개화기 이후에 사라지게 된 것은 반상의 문화가 사라졌기 때문이고, 50대 이후의 구세대가 완곡하고 정중한 표현을 선호하는 데 반해, 30대 이전의 신세대가 발음이 강하고 거친 표현을 선호하는 것은 의식의 변화로 볼 수 있다. 여성이 남성에 비해 부사와 형용사의 사용이 잦은 것은 남성의 문화와 여성의 문화적 차이에 근거한다.

3. 글의 사회성

글은 말과 달리 비대면적 상황에서 이루어지는 행위이므로 사회적 간섭이 덜할 것이라고 생각하기 쉽다. 하지만 글을 쓸 때, 국가가 정한 어문규범을 제대로 준수하지 않는다면 그 글은 글로서 제 기능을 다하기 어렵다. 말은 그 자리에서 쉽게 수정할 수 있지만, 글은 그렇지 않기 때문에 규범의 준수가 더욱 강력하게 요구된다. 따라서 글의 사회성은 결코 말에 비해 적다고 할 수 없다.

물론 말에 비해 글의 시간적, 공간적, 계층적 차이가 크지 않은 것은 사실이다. 하지만 과거의 문장과 현재의 문장이 다르고, 한국인의 문장과 미국인의 문장이 다르고, 문장 구성의 원리를 배운 사람의 문장과 문장 구성의 원리를 배우지 않은 사람의 문장은 다를 수밖에 없다. 피동의 문장은 피동의 사회가 낳는다는 말이 있듯이 문장은 그 문장을 낳은 사회를 닮을 수밖에 없는 것이다.

여기에서 문장이란 단순히 글의 일반적인 표현 형식을 뜻하는 말로 사용되기도 하지만, 생각이나 감정을 말이나 글로 표현할 때 완결된 내용을 나타내는 최소 단위이자 텍스트언어학자인 볼프강 드레슬러(Wolfgang Dressler)와 로베르 보그랑드(Robert de Beaugrande)가 통화성 발화체라고 정의한 '텍스트'를 뜻하는 말로 사용되기도 한다. 후자의 관점에서 문장은 말의 형태로 실현되는 구어 문장과 글의 형태로 실현되는 문어 문장으로 나눌 수 있다.

일반적으로 문어 문장은 구어 문장보다 더욱 정형화된 틀이 요구된다. 그로 인해 모국어를 유창하게 구사할 수 있는 성인이라도 글을 쓰는 일을 어렵게 느끼거나 실제로 문장다운 문장을 완벽하게 구사하지 못하는 경우가 허다하다. 이는 문장의 정형화된 구성 원리에 대한 교육이 필요하다는 것을 의미한다.

역사적으로 '말'의 기원은 '글'의 기원에 앞선다. 우리나라의 경우, 우리글의 역사는 훈민정음의 탄생과 더불어 시작되었다고 해도 과언이 아니다. 그만큼 역사가 짧다. 이는 글의 비용이 말의 비용보다 크다는 것을 의미한다. 실제로 말은 상황의존적인 언어 행위로서 말하는 상황에 대한 인식이 뚜렷하기 때문에 시제를 비롯해 존대법, 서법, 종결법 등의 형식을 선택하는 일이 쉽다. 반면에 글은 탈상황의존적인 언어 행위로서 청자와 대면하지 않은 상황에서 독백을 하는 상황에 비유할 수 있다. 따라서 시제나 존대법, 서법의 형식을 선택하는 일이 쉽지 않다. 실례로 '기차 시간이 늦을 것 같다.'라는 생각을 글로 표현할 때에는 "나는 기차 시간이 늦을 것 같다고 생각했다."처럼 명제 내용에 대한 서술자의 역할 인식이 분명하게 드러나도록 해야 한다.

하지만 글의 사회성은 말의 사회성과 크게 다르지 않다. 말의 사회성에서 비롯된 것이 글에서도 나타나는 경우가 있고, 말에서는 찾아볼 수 없는 것이 글에서만 나타나는 경우도 있다. 이규호(1978)는 역사적으로 '평등'과 '자유'라는 말이 혁명의 불길에 부채질을 하였고, '구원'이라는 말이 종교 개혁가의 가슴에 초인적인 힘을 불어넣었으며, '부르조아'와 '프롤레타리아'라는 말이 가난한 사람들의 눈을 뜨게 함으로써 역사가 발전할 수 있었다고 말한다. 따라서 언어를 통해 역사를 이해하고, 더 나아가 언어를 통해 역사를 이끌어야 할 것이다.

글의 사회성은 인터넷 공간에서 유통되는 사회적 담론은 물론이고 각종 대중매체와 출판물에서 잘 드러난다. 개중에는 감정의 배설과 같은 형태의 글도 있지만, 또 개중에는 인류의 지성과 감성의 발자국으로 기념할 만한 것들도 있다. 후자의 경우, 글 속에 위대한 사상과 철학을 담고 있는데, 이는 뛰어난 언어사용능력에서 비롯되며, 사회 발전의 원동력으로 작용한다는 점에서 그 의의가 크다.

기본적으로 모든 문장의 행간에는 그 문장을 낳은 사회적 배경이 감추어져 있다. 요즘 인터넷을 떠들썩하게 장식하는 사회적 담론을 보고 있노라면 흑백논리에 사로잡힌 성숙하지 않은 사회의 모습이 드러나고, 피동형 문장이 난무하는 신문을 펼치면 무책임하고 무기력한 사회의 단면을 엿볼 수 있다. 심지어 공중파를 타고 각 가정의 안방까지 깊숙이 침투한 방송 자막에는 소수자에 대한 온갖 편견이 넘쳐난다.

이제 우리 사회는 언어로부터 개혁을 시작해야 한다. 혹자는 '청소부'라는 말을

'환경미화원'으로 바꾼다고 해서 청소부에 대한 사회적 인식이 바뀔 수 있느냐고 반문하겠지만, 그렇게 해서라도 청소부 시대의 부정적인 인식을 청산해야 한다. 작은 불씨일망정 꺼뜨리지 않는다면 활활 타오르는 불덩어리로 만들 수 있다. 비록 시작은 미약하지만 이러한 움직임으로 인해 커다란 인식의 변화가 촉발될 수 있다. 따라서 우리 사회가 달라지길 원한다면 우리의 언어부터 달라져야 한다.

■ 토의거리 ■

1. 유엔개발계획(UNDP)이 집계한 자료에 따르면 2008년 기준 우리나라의 문해율은 98.3%로 세계 177개국 중 17위에 속한다. 1위는 99.8%로 쿠바가 차지했다. 이처럼 우리나라의 문해율이 다른 나라에 비해 높은 까닭은 무엇일까? 아울러 쿠바가 1위를 차지한 까닭은 무엇일까?
2. 인간을 호모 로퀜스(Homo loquens)라고 부르는 까닭을 언어와 기능과 관련하여 설명하시오.

■ 읽을거리 ■

강현석. 2002. "의사소통 능력의 습득". 문화와 의사소통의 사회언어학(한국사회언어학회 엮음). 한국문화사.

김슬옹. 2003. 언어전략의 일반 특성. 한말연구 13. 한말연구학회.

이규호. 1978. 말의 힘. 제일출판사.

제02장

언어의 힘

인간에게 언어는 사자의 이빨과 같다. 사자로 살아남기 위해 날카로운 이빨이 필요하듯, 인간으로 살아남기 위해서는 정교한 언어가 필요하다. 이빨을 제대로 사용하지 못하는 사자는 아무도 두려워하지 않듯, 언어를 제대로 사용하지 못하는 인간은 아무도 존경하지 않는다. 인간에게 언어는 인간관계를 유지하고 사회생활을 영위하는 데 없어서는 안 되는 필수조건인 것이다.

기본적으로 언어는 다른 매체에 비해 비교적 유용한 의사소통의 도구인 동시에, 자신의 내면을 들여다볼 수 있는 자아성찰의 매개체이자 더 나아가 세계를 인식하고 해석하며 묘사하는 일정한 패턴을 제공하는 생각의 도구이기도 하다. 이와 관련하여 언어학자인 에드워드 사피어(Edward Sapir)와 그의 제자 벤저민 워프(Benjamin Whorf)는 "인간은 언어를 매개로 살고 있으며, 언어가 노출시키고 분절시켜 놓은 세계를 보고 듣고 경험한다."라고 말했다. 이를 '사피어-워프 가설' 또는 '언어결정론'이라고 한다.

우리는 매순간 언어를 사용한다. 심지어 입을 굳게 다물고 있을 때조차 예외가 아니다. 생각이 곧 언어이기 때문이다. 이와 관련하여 일부 철학자들은 언어가 매우 불완전한 생각의 도구이며, 언어가 없이도 생각이 가능하다고 주장한다. 하지만 생각의 질이 언어의 정교성에 달려 있다는 점에서 그 불완전성을 인정한다 치더라도 언어가 생각을 지배하고 구속한다는 주장을 부정하기는 힘들다.

같은 것을 보고도 사람마다 생각이 다른 까닭은 무엇일까? 그것은 우리의 형편이 다르고, 수준이 다른 것처럼 처해 있는 언어 환경이 저마다 다르기 때문이다.

물론 공통점이 전혀 없는 것은 아니다. 모국어로 생각하는 한, 모국어에 영향을 받을 수밖에 없다. 이처럼 언어와 생각은 불가분의 관계에 있으며, 생각으로부터 언어가 나오고, 언어로부터 생각이 시작된다. 비유컨대 혈관을 따라 피가 돌듯, 언어를 따라 생각이 돈다고 말할 수 있다.

한국인은 성을 먼저 말하고 이름을 나중에 말하지만, 미국인은 이름을 먼저 말하고 성을 나중에 말한다. 또한 한국어에서는 친족어와 높임법 체계가 복잡하게 발달했지만, 영어에서는 그렇지 않다. 이러한 차이는 한국인의 집단주의와 미국인의 개인주의로 설명할 수 있는데, 동양계의 42%가 노모를 모시는데 반해, 백인계는 19%만이 노모를 모시는 것으로 나타난 2001년 미국은퇴자협회(AARP) 보고서에서도 이를 쉽게 확인할 수 있다.

그렇다면 인간에게 언어란 무엇일까? 이를 이해하기 위해 언어와 사고, 언어와 문화의 관계를 살펴보기로 한다.

1. 언어와 사고

독일의 교육 철학자 오토 볼노(Otto F. Bollnow)는 "언어는 생각의 통로이며, 생각은 마치 언어의 수로를 따라 흐르는 물과 같다."라고 하였다. '인간공학'이라는 새로운 학문 분야를 개척한 존슨 오코너(Johnson O'Connor)는 35만 명의 미국인을 대상으로 언어와 사고의 관계를 살펴본 실험에서 "어휘는 생각의 도구이다. 그러므로 알고 있는 어휘의 수가 많으면 많을수록 사고의 폭이 넓어지고, 그 깊이가 깊을수록 사고도 정교해진다. 말을 정확하고 풍부하게 사용하는 사람은 어떤 분야에서든지 성공할 확률이 높다."라는 결론을 내렸다.

이처럼 언어의 중요성을 피력하고 있는 인용문을 보면 언어는 의사소통을 위한 도구 이상의 기능을 하는 것이 분명하다. 혹시라도 이러한 인용이 피부에 와 닿지 않는다면, 언어가 우리의 생각에 어떤 방식으로 영향을 미치는지 생각해보라. 과연 우리의 생각이 언어에 의해 영향을 받는 것일까, 아니면 언어와 사고는 별개이며 언어는 단지 그 생각의 결과를 표현하는 수단에 불과한 것일까? 이에 대한 논의에 앞서 언어가 어떻게 생각을 정리하고 형성하는지, 언어로 인해 어떻게 사고가 심화되는지 살펴보자.

우리의 마음속에 맨 처음 떠오른 생각은 꿈속에서 일어난 일과 같다. 그것은 마치 연기와 같아서 움켜잡을 수 없다. 그러나 꿈속에서 일어난 일을 언어로 표현하면 그 막연하던 것이 조금씩 정리되고 다듬어지는 것을 느낄 수 있을 것이다. 따라서 우리는 일상생활에서 처음에 싹튼 희미한 생각의 싹을 언어를 통해 가다듬을 필요가 있다. 만약 언어를 전혀 빌리지 않고 생각만 거듭한다면 그 내용은 갈피를 잡을 수 없는 의식의 흐름과 다를 바 없을 것이다. 혹시라도 지금 마음속에 답답하거나 응어리진 생각의 덩어리가 느껴진다면 그것을 차근차근 언어로 풀어내 보라. 그렇게 하면 그저 막연했던 생각의 구체적인 실체를 만날 수 있을 것이다.

자신도 알 수 없는 생각의 미로에 빠졌을 때, 누군가에게 말을 건네면, 정리되지 않을 것 같던 생각의 가닥이 잡히는 경우가 있다. 이처럼 언어를 통해 생각은 비로소 형태를 갖추게 된다. 생각의 형태란 "무엇이 어떠하다."라는 명제의 나열이며, 구체적인 이름이 있고 선후관계가 분명하다. 자신의 생각을 인정받기 위해서는 말이나 글로 머릿속의 생각을 표현해야 한다. 그 과정에서 생각도 정리되고 의미도 뚜렷해진다.

그렇다면 생각은 어떻게 심화시키는 것이 좋을까? 앞서 살펴보았듯이 생각이 곧 언어이므로 단편적인 생각들을 한데 모아 짜임새를 갖추기만 하면 된다. 이를 위해 휘발성이 강한 음성언어보다 문자언어를 사용하는 것이 좋다. 추상적인 생각을 글로 적어봄으로써 체계적인 생각이 가능하다. 글은 말과 달리 기록으로 남기 때문에 생각의 모순을 쉽게 발견할 수 있다. 흔히 생각하는 힘을 기르기 위해 글을 쓰라고 하는 것은 글을 쓰는 과정이 곧 생각을 표현하고 발전시키며 다듬는 과정이기 때문이다. 언어 능력은 타고나는 것도 있지만 훈련을 통해 길러지는 것도 있다. 자신의 생각을 상대방에게 말과 글로 표현하는 훈련을 오랫동안 한 사람이라면 사고력과 표현력이 저절로 계발될 것이다.

이처럼 언어는 개인의 사고를 규정하는 도구일 뿐만 아니라 모국어를 사용하는 더 큰 집단의 공동체 의식을 형성하는 데 중요한 역할을 한다. 같은 언어를 사용한다는 집단일수록 사고방식도 같고 문화도 같다는 것은 이미 수많은 연구자에 의해 입증된 바 있다.

2. 언어와 문화

지구상에 존재하는 모든 생명체는 본능적으로 종족 보존의 원칙에 따라 유전자를 계승하는 일에 모든 에너지를 집중하는데, 오직 인간만은 여기에 더하여 문화를 계승하는 일에도 그에 못지않은 에너지를 사용한다. 그 결과 언어 본능과 언어 유전자의 진화가 촉발되었고, 마침내 언어를 발명하게 되었다. 그 결과 인간은 동물로 태어났지만 동물과 전혀 다른 문화적인 삶을 살 수 있게 되었다.

문화란 이전 세대의 모든 정신적 활동의 총체로서 의식주를 비롯하여 예술과 종교를 모두 아우르는 개념인데, 여기에 언어가 개입되면 세대를 거쳐 문화의 지속적인 발전이 가능해진다. 이처럼 언어가 인류의 문명사에 끼친 영향은 뚜렷하다. 언어가 없었다면 인류의 문명은 정체를 면치 못했을 것이다.

언어에는 인류의 오랜 경험과 지혜가 모두 담겨 있으므로 갓난아이가 말을 배워 자기 것으로 만듦과 동시에 짧게는 수만 년에서 길게는 수십만 년에 이르는 삶의 지혜를 터득할 수 있다. 지극히 짧은 시간에 매우 폭넓은 지혜를 얻게 되는 것이다. 물론 동물들도 새끼에게 어미가 익힌 경험과 기술을 가르치지만, 정교한 언어가 없기 때문에 세대를 거쳐 발전시키지는 못한다.

그리스어로 '로고스(logos)'는 '말'과 '이성'을 뜻하는 말이다. 이는 그리스인들이 이 두 가지 개념을 동일시한 것으로 볼 수 있다. 실제로 어린아이의 이성은 언어의 발달과 축을 같이한다. 어린아이들에게 앎이란 대상의 이름을 알고, 대상을 설명할 수 있다는 것을 의미한다. 우리가 살면서 알아야 할 지식은 얼마나 될까? 실제로 알게 되는 지식은 또 얼마나 될까? 세상을 직접 경험함으로써 지식을 터득할 수도 있지만, 간접 경험을 통해 얻게 되는 지식이 더 많은 것이 사실이다. 그리고 간접 경험은 오직 언어를 통해서만 이루어질 수 있다.

부모가 청각장애인인 아이의 경우, 부모로부터 분리하여 양육 환경을 바꿔주자 언어 능력 및 사고 능력이 신장되었다는 보고가 있다. 새끼 침팬지와 갓난아이는 비슷한 사고 능력을 가지고 태어나지만, 아이가 말을 배우기 시작하면서부터 사고 능력이 비약적으로 신장된다는 보고도 있다. 이는 언어와 이성이 불가분의 관계에 있음을 증명한다. 다시 말해 언어는 인간에게 이성을 선물함으로써 문화를 생성, 발전, 계승할 수 있게 만든 것이다. 이는 한낱 털 없는 원숭이에 불과한 인간이 만물의 영장이 될 수 있었던 비밀이다.

문화의 변화

최근 10년을 전후로 우리 사회는 큰 변화를 겪고 있다. 이러한 변화의 흐름은 올해로 도입된 지 31년이 되는 인터넷과 1993년에 처음 출시된 스마트폰이 주도하고 있다. 바야흐로 세계는 IT 유목민의 시대로 진입했고, 우리는 예전과 전혀 다른 삶의 공간 및 방식에 직면하게 되었다. 그로 인해 사회 각 분야에서 근본적인 변화의 바람이 불기 시작했고, 사람들의 기호와 생활 방식도 급변하고 있다. 아울러 정치, 경제, 문화 등 사회 전반에 걸쳐 가치관의 수정 및 인식의 전환을 요구받기에 이르렀다.

지금 우리 사회가 직면하고 있는 이러한 변화와 관련하여 '정보화 사회'라는 용어가 심심치 않게 사용되는데, 이는 컴퓨터 기술과 통신 기술의 혁신이 가져다준 결과로 우리 사회의 구조가 가상공간에서 유통되고 있는 정보를 중심으로 재편되고 있음을 강조한 말이다. 그렇다면 정보화 사회가 도래함에 따라 우리 사회의 풍속도는 어떻게 달라졌을까?

우선 정보의 수집, 처리, 전달이 수월해졌다. 과거에는 서점에서 책을 구입하거나 도서관에서 책을 복사 또는 대출해야만 구할 수 있었던 전문 지식을 이제는 전철에서든 거리에서든 장소에 구애받지 않고 버튼을 몇 번 조작함으로써 전문 지식을 보다 편하고, 보다 빠르게 수집할 수 있게 되었다. 아울러 다양한 프로그램을 활용함으로써 정보를 가공하는 일도 한결 수월해졌으며, 출판 및 인쇄의 과정을 거치지 않고도 SNS를 통해 빠르게 정보를 유통시킬 수 있게 되었다. 그 결과 주류 미디어와 차별화된 담론이 점차 영향력을 키워가고 있는 추세이다.

만남의 시공간적 한계를 극복함으로써 보다 다양한 사람들과 자유롭게 소통할 수 있는 환경도 마련되었다. 실례로 두산그룹의 박용만 회장은 트위터를 통해 자신의 소소한 일상을 공개함으로써 팔로워가 16만 명(2003년 7월 기준)이 넘고, 수원시는 시청 홈페이지에 시민들이 소통을 원하는 각 부서의 SNS를 이용하기 쉽게 소셜허브를 구축해 놓고 있다. 그런가 하면 성적 소수자를 비롯하여 '갑을관계'에서 일방적으로 희생을 강요당했던 사회적 약자들도 부당한 차별에 맞서 자기 목소리를 내기 시작했다. 이러한 일련의 움직임으로 인해 기업인들이 '소비자의 니즈'라고 부르는 것이나 정치인들이 '민심'이라고 부르는 것을 보다 신속하게 확인할 수 있게 되었다.

그러나 다른 한편으로는 정보의 과잉 및 폭주로 인해 소통의 질이 날로 떨어지는 현상이 나타나고 있다. 정보 통신 기술의 발달로 소통의 폭은 넓어졌지만, 소통의 깊이는 오히려 뒷걸음질을 치고 있는 것이다. 본래 가상공간에서 이루어지는 소통은 익명성 때문에 절제와 통제가 쉽지 않다. 그로 인해 지금 사이버 세상에는 욕설과 비난, 조롱이 난무하고, 왜곡된 정보와 불법 정보의 유통이 기승을 부리고 있다. 아울러 현실 세계의 인간관계마저 날로 파편화되어 '히키코모리'나 '코쿤족', '니트족' 등이 증가하고 있는 실정이다.

정보 전달의 매체로서 종이를 대신하여 모니터와 액정을 사용하면서 차츰 활자를 멀리하는 현상이 나타나고 있다. 모니터와 액정을 통해 전달되는 정보들이 평면적인 활자 중심에서 벗어나 입체적인 이미지 중심으로 제공되고 있기 때문이다. 따라서 포털에 한 번 중독된 사람들은 종이책은 물론이고, 종이 신문마저 멀리하게 된다. 미국의 대표적인 시사주간지 <뉴스위크>가 종이판 잡지 발행을 중단하기로 결정한 것도 이러한 세태를 반영한 결정으로 보인다.

그럼에도 불구하고 광고로 수익을 창출하는 포털의 횡포는 날로 심각해지고 있다. 좋든 싫든 포털을 이용하기 위해서는 광고를 볼 수밖에 없다는 점도 문제지만, 검색 기능에 광고를 끼워 넣는 방식에도 문제가 있다. 더욱이 오늘날 광고의 특징은 단순히 제품을 홍보하는 데 그치는 것이 아니라 갖가지 할인 전략을 동원하거나 유행으로 포장하여 소비를 강요한다는 점에 문제가 있다. 그로 인해 "나는 소비한다. 고로 나는 존재한다."라는 명제에서 자유로울 수 없는 '호모 컨슈머리쿠스(Homo Consumericus)'의 세상이 되어 가고 있다.

핸드폰과 스마트폰은 더 많은 문제를 야기한다. 특히 청소년의 경우 게임을 하느라 많은 시간을 쓰고 있는데, 게임의 개념이 얼굴을 맞대고 두 사람이 소통하며 협력하는 전통적인 방식이 아니라 혼자서 말없이 가상의 적과 싸우는 방식으로 바뀜에 따라 타인에 대한 배려가 점차 사라지고 있다. 이러한 상황에서 휴대전화가 없으면 불안함을 느끼는 '호모텔레포니쿠스(Homo telephonicus)'까지 등장하면서 갈등의 폭은 더욱 깊어지고 있다.

한마디로 말해 정보화 사회는 소통의 경제성과 다양성이라는 측면에서 긍정적인 변화를 가져왔다고 할 수 있지만, 소통의 깊이가 부족하다는 점에서는 여전히 심지에 불이 붙어 있는 다이너마이트와 같다고 할 수 있다. 이러한 현실이 언어에도 고스란히 반영된다는 점에서 문제의 심각성을 간과해서는 안 될 것이다.

문화의 발전

첨단 과학 기술의 발달로 컴퓨터와 스마트폰은 계속 진화하고 있다. 게임 산업과 영화 산업도 눈부신 발전을 거듭하고 있다. 반면에 인문학은 고리타분한 학문이라는 꼬리표를 달고 하루가 다르게 퇴락해가고 있다. 일부 지방대에서는 취업률도 떨어지고 학생들에게 인기가 없다는 이유로 국어국문학과를 폐지하기도 하였다. 이러한 문제를 그대로 방치한다면 그릇에 비유할 수 있는 과학 기술은 나날이 발전하더라도 그릇에 담을 음식의 부재라는 한계에 봉착하게 될 것이다.

최근 개봉하는 영화 중에 첨단 기술을 동원해 그래픽은 매우 화려하지만 스토리가 빈약하다는 지적을 받는 작품들이 적지 않다. 게임 산업이나 광고 산업, 관광 산업에서도 마찬가지의 딜레마에 빠져 있다. 결과적으로 빈약한 콘텐츠가 문제인 것이다. 실례로 3D 입체 영상을 즐길 수 있는 기기는 계속 개발되고 있지만, 이 장비를 활용할 만한 콘텐츠는 충분치 못하다. 한때 3D 방송을 운영했던 케이블 방송사도 콘텐츠의 부재로 방송 폐지를 결정했으며, 정부에서도 3D 콘텐츠 산업 육성 예산을 대폭 삭감하였다.

이 모든 문제의 출발점은 하드웨어와 소프트웨어에 비유할 수 있는 자연과학과 인문학을 분리하여 생각하면서 비롯된 것이다. 생물학자인 에드워드 윌슨(Edward

Wilson)이 자연과학과 인문학의 벽을 허물자는 통섭 이론을 주장했듯이 이제는 인문학에 대한 아낌없는 투자가 이루어져야 할 때이다. 우리의 스토리로 영화를 만들고, 게임을 만들어야 문화 예술의 종속국이 되지 않을 수 있으며, 진정한 문화 경쟁력을 갖출 수 있다.

다행스럽게도 최근 우리 사회에 인문학의 열풍이 불어 닥치고 있다. 공중파를 타고 인문학 강좌가 방송되는가 하면, '인문학'이라는 단어가 들어간 신간서적이 유행처럼 쏟아져 나오고 있다. 20세기 들어 인문학의 중요성을 처음 강조한 인물은 아이러니하게도 기업가인 스티브 잡스(Steven P. Jobs)이다. 그가 인문학을 역설하면서부터 인문학적 소양의 중요성이 주목을 받게 되었다. 그런데 그것이 우리나라에서는 동양철학, 좀 더 엄밀하게 말해 중국철학에 초점이 맞추어져 있는 것처럼 보인다. 아직 문학과 언어에 대한 관심은 상대적으로 부족한 실정이다.

고은 시인이 올해로 10년 연속 노벨 문학상 후보에 이름을 올리고 있고, 한국어 능력시험을 보려는 외국인도 날로 증가하고 있다. K-POP과 더불어 한국의 영화와 드라마가 전 세계의 안방에 수출되고 있는 시점에서 한국 문화의 자양분인 한국 문학과 한국어에 대한 지속적인 투자가 이루어지기를 기대한다.

3. 언어 훈련

경제학자인 로저 부틀(Roger Bootle)은 현대 사회를 가리켜 물질적으로 풍요함에도 불구하고 정신적으로 피폐한 사회가 아니라, 바로 물질적으로 풍요하기 때문에 정신적으로 피폐해진 사회라고 진단한다. 그렇다면 어떻게 해야 정신적으로 건강해질 수 있을까? 이를 해결하기 위해 물질적 풍요를 포기할 필요는 없다. '언어 훈련'을 통해 얼마든지 정신적으로 건강해질 수 있기 때문이다.

이와 관련하여 '정신적으로 풍요로운 삶'을 살기 위해서는 무엇보다 자신의 과거와 미래에 대한 통찰을 바탕으로 자신이 처해 있는 현재 상황을 정확히 이해하고, 타인을 존중함으로써 원만한 대인관계를 유지하며, 자신의 감정을 솔직하고 예의바르게 표현할 줄 알아야 한다. 즉, 정신적 풍요와 사고력, 이해력, 표현력 등은 밀접한 관련이 있는데, 이는 언어를 떼어놓고 생각할 수 없는 것들이다.

그렇다면 어떤 훈련이 필요할까? 첫째로 쓰기 훈련이 필요하다. 쓰기는 한 가지 주제에 대하여 깊고 넓게 생각할 수 있는 힘을 길러주는데, 그 효과를 좀 더 극대화하기 위해서는 단락의 개념을 정확하게 이해하고 있어야 한다. 단락이란 글을 좀 더 짜임새 있게 전개시키는 데 도움이 되기 때문이다. 예를 들어 "나는 성격이 조금 급한 편이다. 좋아하는 것은 음악 감상이고, 음식은 담백한 걸 즐겨 먹는다."라는 식의 서술은 단락의 구성도 엉성하고 생각의 깊이도 부족하다. 그보다는 "나는 성격이 조금 급한 편이다. 밥도 남보다 빨리 먹고, 시험 답안지도 남보다 빨리 제출한다. 심지어 태어날 때조차 열 달을 다 채우지 못했다. 그런데 그런 성격 덕분인지 지각 한 번 하지 않았고, 약속시간에 늦는 법도 없다. 무슨 일을 하든지 뒤에서 느긋하게 기다리지 못하고 앞장서서 몸을 움직여 부지런하다는 평가를 받는다."라는 식으로 단락을 전개시킬 줄 알아야 한다. 이런 훈련을 반복하다 보면 즉흥적으로 말하거나 글을 쓸 때조차 생각의 깊이를 드러낼 수 있게 된다.

둘째로 읽기 훈련이 필요하다. 읽기는 사고력과 판단력을 기르기 위한 기초 작업으로 무엇인가를 사고하고 판단하는 데에 어떤 기준을 제공해준다. 사고의 기준이 없고, 판단의 기준이 없는데 어떻게 사고를 하고, 판단을 할 수 있겠는가? 따라서 사고와 판단의 기준으로 삼을 수 있는 생각이 입력되어 있어야 한다. 사고와 판단은 출력이다. 적당한 입력에 대응하는 출력을 내놓으려면 책은 고사하고 신문이라도 읽어야 한다. 그런데 글을 읽을 때도 요령이 있다. 이를 문해력 또는 독해력이라고 한다. 이를 위해 글의 구성 방식에 대한 이해가 필요하다. 즉, 중심문장과 뒷받침문장의 결속관계를 알고 두괄식 구성과 미괄식 구성의 차이를 알아야 하는 것이다.

셋째로 말하기 훈련이 필요하다. 말하기를 통해 대인 관계를 원만하게 유지할 수 있는 방법을 배울 수 있기 때문이다. 하고 싶은 말을 다 뱉는다고 말이 되는 것은 아니다. 오늘날 학교 교육에서 말하기 교육이 소홀하게 취급되기 때문인지, 자신이 하는 말에 대해 신중하게 접근하는 사람들이 드물다. 친구 간의 대화, 가족 간의 대화에서 지켜야 할 대화 예절도 배워야 한다. 현대는 대화를 절실히 요구하는 시대이다. 대화를 통해 생각을 교류하고 자신을 남에게 드러낼 수 있다. 가정의 평화와 사회 구성원의 조화를 이루려면 우리는 말하기 훈련을 받을 필요가 있다.

넷째로 듣기 훈련이 필요하다. 요즘 초·중등 교육에서 영어 듣기 교육에만 치중하고 있는데, 국어 듣기 교육도 매우 중요하다. 요즘 현대인들은 남의 말을 잘 안 들으려고 하는 경향이 있는데, 이것은 타인의 생각에 상관없이 내 생각대로 살겠다는 식의 이기적인 사고방식에서 기인한다. 이러한 사고방식은 매우 위험한데, 아무도 그 위험 수위에 대하여 제대로 인식하지 못하고 있는 것 같다. 남의 말에 관심을 가지고 귀를 기울이는 것, 이것은 실습도 중요하지만 그렇게 하고자 하는 필요성을 깨달아 주의를 기울이려고 하는 마음만으로 효과를 거둘 수 있다.

지금까지 살펴본 바와 같이 말과 글의 훈련은 국어 교육의 중심이 되어야 한다. 사고력과 표현력이 교양인에게 요구되는 가장 기본적인 능력임을 감안할 때, 이는 결코 소홀히 할 수 없는 과제이기 때문이다. 생각의 힘과 표현의 힘은 원만한 대인관계로 나타날 것이며, 이것이야말로 국가가 정책적으로 지원해야 할 국어 교육의 중심 영역이다.

■ **토의거리** ■

1. 맨체스터 유나이티드의 알렉스 퍼거슨(Alex Ferguson) 감독이 "인생에는 트위터 말고도 해야 할 일이 백만 개가 넘는다. 솔직히 트위터를 왜 하는지 이해가 가지 않는다."라고 말한 까닭은 무엇일까? 트위터를 통한 의사소통의 긍정적인 측면과 부정적인 측면을 모두 설명하시오.
2. 지금까지 살면서 접한 말이나 글 가운데 자신의 삶에 직접적인 영향을 끼친 말이나 글이 있다면 그것은 무엇일까?

■ **읽을거리** ■

김슬옹. 1994. 사고력을 키우는 어휘 탐구 우리말 산책. 미래사.

서정수. 1991. 생각하는 힘을 기르는 문장력 향상의 길잡이. 한강문화사.

서정수 · 1983. 노대규. 말과 생각. 한양대학교출판부.

손세모돌. 1998. 창의적인 생각 체계적인 글. 한국문화사.

제03장

언어의 개성

이 세상에는 참으로 다양한 언어가 존재한다. 한국어처럼 SOV 언어가 있는가 하면, 영어처럼 SVO 언어도 있다. 전 세계 언어 가운데 2135개를 대상으로 조사한 결과, SOV 언어는 1008개, SVO 언어는 770개, VSO 언어는 164개, VOS 언어는 40개, OVS 언어는 16개, OSV 언어는 13개가 존재하는 것으로 나타났다. 이 가운데 한국어를 비롯하여 독일어와 스페인어는 비교적 어순이 자유로운 언어에 속하고, 영어와 중국어는 어순이 자유롭지 못한 언어에 속한다.

이러한 차이는 어휘에서도 나타난다. 사랑을 고백할 때, 한국어로는 "당신을 사랑합니다."라고 하지만, 이탈리아어로는 "띠 아모(Ti amo)", 프랑스어로는 "쥬 뗌므(Je t'aime)", 스페인어로는 "떼 끼에로(Te qiero)", 독일어로는 "이히 리베 디히(Ich liebe dich)", 러시아어로는 "야 바스 류브류(Я Вас Люблю)"라고 한다. 참고로 영국의 번역 대행사 '투데이 트랜슬레이션(Today Translation)'은 320명의 언어 전문가를 대상으로 조사한 결과, 가장 로맨틱한 언어로 이탈리아어가 선정되었고, 2위로는 프랑스어, 3위로는 스페인어와 영어가 차지했다고 밝혔다. 한편 세상에서 가장 낭만적이지 않은 사랑 고백으로는 일본어 "와타시와 아나타오 아이시마스(私はあなたを愛します)"가 선정되었다. 이 조사와 관련하여 우리가 주목할 것은 순위가 아니다. 사랑을 고백할 때, 울림소리를 사용하는지 혹은 안울림소리를 사용하는지 주목해보라. 언어의 개성은 나라마다 뚜렷하게 다르지만, 제멋대로의 원칙이 적용되는 것은 아니다.

몽골어에 말의 털빛을 가리키는 말이 240여 개나 되고, 아프리카 짐바브웨와

남부 잠비아 일대에서 사용되는 쇼나(Shona)어에 '걷다'라는 뜻을 가진 단어가 약 200여 개에 이르는 것은 생태 환경에 영향을 받은 결과로 볼 수 있다. 러시아의 한 소수민족이 사용하는 어원(Ewen)어에 계절을 가리키는 말이 6개나 되는 까닭도 날씨와 무관하지 않다. 이는 유목민의 언어와 농경민의 언어가 다르고, 계절의 변화가 뚜렷한 지역의 언어와 그렇지 않은 지역의 언어가 다르다는 것을 극명하게 보여주는 사례이다.

인간 언어의 발생지로 알려진 아프리카는 언어다양성이 가장 큰 대륙으로 현재 약 2500여 개의 언어가 사용되고 있으며, 파푸아뉴기니는 약 800여 개, 인도는 약 300여 개의 언어가 사용되고 있다. 그런데 이중 상당수의 언어가 쇠퇴일로를 걷고 있으며, 사멸 위기에 처해 있는 언어도 많다. 실제로 1788년 오스트레일리아에는 약 250여 개의 언어가 사용되고 있었는데, 그중 160여 개의 언어는 이미 사멸되었고, 70여 개의 언어는 조만간 사멸될 위기에 처해 있다. 언어의 역사를 놓고 볼 때, 처음부터 이렇게 다양한 언어가 존재했던 것은 아니다. 오랜 시간에 걸쳐 민족의 이동으로 지금과 같은 언어가 생겨나게 되었다. 언어가 다르다는 것은 곧 그 언어 공동체의 역사가 다르다는 것을 뜻한다. 서로 다른 삶의 환경에서 서로 다른 문화를 꽃피운 것이다.

이 장에서는 개별 언어의 개성을 좌우하는 언어공동체의 문화적 특징과 가치관의 차이에 대해 살펴보고자 한다.

1. 언어 프레임

언어는 문화의 씨앗이다. 어떤 씨앗을 뿌리느냐에 따라 열매의 모양이 결정되듯, 언어와 문화는 밀접한 상관관계가 있다. 언어는 하루아침에 만들어지는 것이 아니라 오랜 세월을 거쳐 형성되는 것이므로 그 언어를 사용하는 공동체의 경험과 지혜의 산물로서 가장 중요한 문화유산이라고 할 수 있다.

이와 관련하여 독일의 역사철학자 요한 폰 헤르더(Johann G. von Herder)는 언어는 인간의 지식에 일정한 형태를 부여하는 역할을 하며, 전래 동화나 민요, 풍습을 보면 그 민족의 정신을 알 수 있다고 주장하였다. 아울러 빌헬름 폰 훔볼트(Wilhelm von Humboldt) 또한 언어는 "세상의 사물이나 사실을 피동적으로 표현하는 정적인 것이 아니라 인간의 사고를 형성하는 동적인 에네르기아(energeia)이며, 언어와 그것에 상용하는 국민의 세계관은 밀접히 연관되어 있어서 그중 하나를 보면 다른 하나도 알 수 있다."라고 주장하였다.

20세기 서양철학의 지형도를 뒤흔들어놓은 언어철학자 루트비히 비트겐슈타인(Ludwig J. Wittgenstein)은 "내 언어의 한계가 곧 내 세계의 한계이다."라고 말했다. 이는 언어를 죽어 있는 기호의 세계에 비유한 것이 아니라 생생하게 살아 움직이는 정신의 세계에 비유한 것으로 볼 수 있다.

인지언어학자 조지 레이코프(George P. Lakoff)는 언어를 프레임(frame) 이론으로 설명한다. 그가 말하는 프레임은 언어로 작동되는 정신적 구조물로서 우리가 세상을 바라보는 방식을 결정하는 역할을 한다. 결과적으로 우리는 프레임에 갇혀 사는 꼴인데, 세상을 다르게 보기 위해서는 프레임을 바꾸어야 하고, 이를 위해서는 새로운 언어가 필요하다. 즉, 다르게 생각하려면 다르게 말해야 하는 것이다.

이에 근거하여 세계의 각 언어를 살펴보면, 언어마다 세상을 분절하고 사물을 인식하는 방법에 차이가 있다는 것을 알 수 있다. 이는 곧 프레임의 차이이기도 하며, 결과적으로 그 언어를 사용하는 사람들은 은연중에 그 언어 속에 깃들어 있는 가치를 수용하게 된다는 것을 뜻한다. 이러한 차이는 다양한 요인에 의해 나타날 수 있는데, 그 대표적인 요인들은 다음과 같다.

2. 지리적 차이

지리학과 민속지학의 현대적 발전에 크게 기여한 프리드리히 라첼(Friedrich Ratzel)은 자원과 기후, 지형 등을 포함한 물리적 환경이 우리 사회의 문화 형성에 중요한 역할을 한다고 주장한다. 추운 지방에 사는 사람들이 조금 거칠고, 더운 지방에 사는 사람들이 조금 게으르다는 식으로 특정 지역의 생활양식이 인간의 자유의지가 아니라 자연환경에 영향을 받는다는 것이다.

기후와 성격의 관계를 단정적으로 말하기는 어렵지만, 기후가 우리의 삶에 어떤 영향을 미치는지 다양한 관점에서 논의가 이루어지고 있다. 더운 지방인 인도 코야스(Koyas) 부족의 언어에 '이슬, 안개, 눈'이란 단어가 없다는 것도 이와 관련이 있다. 밤이 되어도 지표면의 온도가 많이 떨어지지 않기 때문에 이슬이 맺히지 않고, 공기가 이슬점 이하로 떨어지지 않기 때문에 안개가 잘 끼지도 않으며, 하얀 눈이 내리는 모습을 본 일도 없기 때문에 이러한 단어가 아예 존재하지 않는 것이다. 반면에 코야스 부족은 대나무를 7가지 이상 구별할 수 있다.

영어에는 말과 관련된 어휘가, 아랍어에는 낙타와 관련된 어휘가, 한국어에는 소와 관련된 어휘가 많다. 이는 각 나라의 목축문화와 관련이 있다. 우리나라 들판에서 쉽게 찾아볼 수 있는 '쇠뜨기'는 '소가 뜯어 먹는 풀'이란 뜻을 가지고 있는데, 영어로는 'horse-tail'이라고 한다. 들판에 자라는 같은 풀을 두고서 한국에서는 '소'를 기준으로 이름을 붙이고, 미국에서는 '말'을 기준으로 이름을 붙인 것이다.

필리핀 군도의 이푸가오(Ifugao) 언어에는 쌀 이름이 20개나 된다. 그것은 이곳에 있는 계단식 논이 세계 8대 불가사의 중에 하나이자 유네스코 세계문화유산으로 등재되어 있는데다가 1년에 삼모작까지 가능하기 때문이다. 한국어의 '모, 벼, 쌀, 밥'에 대응하는 영어가 'rice' 하나뿐인 것도 영어권에서는 벼농사보다 밀농사가 일반화되어 있기 때문에 나타나는 현상이라고 할 수 있다.

한편 이누이트어에 눈에 관한 어휘가 400개나 된다는 주장과 관련하여 언어학자 제프리 플럼(Geoffrey K. Pullum)은 <The Great Eskimo Vocabulary Hoax>에서 인류학자인 로라 마틴(Laura Martin)의 말을 인용하여 1911년 프란츠 보애스(Franz Boas)가 4개라고 말한 것을 시작으로 1940년경에 벤저민 워프(Benjamin Whorf)가 7개로 부풀리더니 이후 100개, 200개로 계속 늘어났다고 주장한다. 실제로는 아무리 많아야 10개를 넘지 않는다는 것이 정설이다. '에스키모 어휘 날조' 사건의 교훈은 환경과 어휘가 무관하다는 것이 아니라, 그러한 상식을 일반화시키기 위해 사실을 왜곡해서는 안 된다는 것이다.

3. 관습의 차이

일반적으로 대화 상대방에게 자녀가 있는 것을 확인할 때, "형제가 어떻게 됩니까?"라고 묻는가, 아니면 "자매가 어떻게 됩니까?"라고 묻는가? 만약 첫째가 딸이고, 둘째가 아들이라면 "1남 1녀입니다."라고 대답하는가, 아니면 "1녀 1남입니다."라고 대답하는가? 이와 관련하여 <섹시즘>의 저자 정해경은 말의 세계에서 남성은 중심에 있으며, 남성의 말에 여성이 갇혀 있다고 말한다.

이와 관련하여 재미있는 일화가 있다. 아프리카의 한 부족을 찾아간 관광객이 추장에게 자녀의 수를 묻자 추장은 5명이라고 대답했고, 추장의 부인은 3명이라고 대답했다. 그 이유를 알아보니, 그 부족의 아버지는 아들의 수만 말하고, 어머니는 딸의 수만 말하는 관습이 있다고 한다. 그래서 다시 "그럼 두 분의 자녀는 모두 8명이군요."라고 묻자 추장 부부는 정색을 하면서 "10명입니다."라고 대답했다. 이번에는 죽은 자식의 수까지 포함하여 대답한 것이다. 이처럼 자녀의 수를 세는 방식은 그 부족의 문화적 관습과 밀접한 관련이 있다. 이러한 차이를 이해하지 못하면 소통할 수 없게 된다.

따라서 자녀의 수를 물을 때, "자매가 어떻게 됩니까?"라고 묻지 않고, "형제가 어떻게 됩니까?"라고 묻거나 "1녀 1남입니다."라고 대답하지 않고, "1남 1녀입니다."라고 대답하는 것은 여성에 대한 남성의 성차별적 인식을 드러내는 것으로 이러한 인식은 대부분의 가부장제 사회에서 어렵지 않게 발견할 수 있다. 이와 관련하여 문화평론가 고봉준은 가부장적 사회에서 자란 남성들이 맨 먼저 배우는 속어 중의 하나가 '따먹다'라는 동사라고 말한다.

비교적 객관적이라고 말할 수 있는 색채에 있어서도 언어권에 따라 인식하는 방식이 다르다. 색채를 감지하는 민감성에 차이가 있는 것이다. 흔히 무지개는 일곱 가지 색깔을 가진 것으로 알려져 있지만, 민족마다 무지개 색을 인식하는 방식에 차이가 있다. 그중에는 따뜻한 계열의 색과 차가운 계열의 색으로만 인식하는 민족도 있고, 세 가지 색이나 네 가지 색으로 인식하는 민족도 있다. 우리도 한자어로 '주황색, 초록색, 남색'과 몽골어로 '보라색'이라는 말이 유입되기 전에는 이러한 색을 인식하지 못하였다.

4. 가치관의 차이

이기동 외(1997)를 보면 미국인과 결혼한 일본 여성들을 대상으로 언어와 민족이 어떤 관계에 있는지 한 가지 흥미로운 실험이 소개되어 있다. 미국인과 결혼한 일본 여성들은 남편과 아이들, 그리고 이웃과 있을 때는 영어를 사용하지만, 자기들끼리 있을 때는 일본어를 사용한다. 그녀들은 두 개의 언어 환경에서 살고 있는 것이다. 본격적인 실험을 위해 일본어와 영어를 능숙하게 구사할 수 있는 기자가 피실험자들을 한 명씩 따로따로 각각 두 번 방문했다. 첫 번째 방문했을 때는 일본어만 사용하여 질문했고, 두 번째 방문했을 때는 비슷한 내용을 영어만 사용하여 질문했다. 실험 결과는 주목할 만했다. 즉, 그녀들은 기자가 일본어를 사용하느냐 혹은 영어를 사용하느냐에 따라 전혀 다른 태도를 취한 것이다.

(1) 일본어로 대화를 주고받는 상황
질문: 내 생각과 가족의 생각이 다를 때 어떤가요?
대답: 참으로 불행하다.
질문: 참된 친구라면 어떻게 해야 하나요?
대답: 서로 도와야 한다.

(2) 영어로 대화를 주고받는 상황
질문: 내 생각과 가족의 생각이 다를 때 어떤가요?
대답: 내가 하고 싶은 대로 한다.
질문: 참된 친구라면 어떻게 해야 하나요?
대답: 정직해야 한다.

이 실험 결과는 특정 언어가 그 언어를 사용하는 사람들의 생각을 일정한 방식으로 유도한다는 것을 극명하게 보여준다. 기본적으로 일본인에게 '와(和)'는 매우 중요한 개념이다. 개인보다 공동체의 가치를 중시하는 일본인의 정신은 "밥[禾]을 함께 나누어 먹는다[口]."라는 뜻으로 파자되는 '和'자에 잘 드러난다. 반면에 개인의 자유를 중시하는 미국인에게 '정직'보다 중요한 개념은 없다.

미국의 언어학자 벤저민 워프(Benjamin Whorf)는 유럽어와 호피어(Hopi, 미국 애리조나 주 북동부에 사는 호피족의 언어), 유럽 문화와 호피 문화를 비교하여 한 가지 흥미로운 사실을 제시하였다. 유럽어에는 시간 개념이 과거-현재-미래로 일직선상에 놓여 있는데, 호피어에는 시제가 없다. 다만 좀 더 많은 현재형이 있을 뿐이다. 호피어에서 가장 중요한 것은 사건에 대한 화자의 지식과 자신이 하는 말의 유효성뿐이다. 실례로 "그가 뛰고 있다."라는 말은 그가 확실히 아느냐, 눈으로 볼 수 있느냐, 그것을 보았기 때문에 지금도 뛰고 있다고 생각하느냐, 혹은 타인에게 들어서 아는 것이냐에 따라 동사의 형태가 변한다. 즉, 시제에 따라 동사가 변하는 것이 아니라, 경험에 따라 동사가 변하는 것이다. 벤저민 워프는 이를 근거로 유럽 문화는 시간과 공간의 개념을 중시하지만, 호피 문화는 사건을 더 중시한다고 말한다. 유럽어를 사용하는 사람에게 시간이란 두 시점 사이에 있는, 측정할 수 있는 하나의 물질에 불과하다. 따라서 "시간을 낭비한다." 혹은 "시간을 절약한다." 라든가 "시간을 번다." 혹은 "시간을 판다."라는 말을 사용한다. 반면에 호피 문화는 시간을 사건으로 취급한다. 씨앗을 뿌리면 열매가 열리는데, 이때 열매가 열릴 때까지 걸리는 시간은 중요치 않다. 중요한 것은 씨앗을 뿌린 다음에 열매가 열리는 사건이다. 오늘날 대부분의 현대인은 '시간' 중심의 축에서 살고 있지만, 호피인들은 '사건' 중심의 축에서 살고 있다. 전자의 관점에 비해 후자의 관점이 때론 유용하다. 건물을 지을 때 공사 기간이 중요한 것이 아니라 얼마나 튼튼한 빌딩을 짓느냐 하는 사건이 더 중요한 것이다.

인지언어학자 조지 레이코프(George P. Lakoff)의 저서 '여성과 불, 그리고 위험한 것들(Women, Fire, and Dangerous Things)'은 오스트레일리아 원주민 언어인 디르발(Dyirbal)어의 발란(balan)이라는 말에 이 세 가지 의미가 모두 포함되어 있다는 사실에서 제목으로 선정되었다. 흥미로운 사실은 그들의 머릿속에 여자와 불, 그리고 위험한 것들이 비슷한 의미로 다가왔다는 것이다. 이렇듯 언어는 인간의 내적 가치관의 표현이다.

5. 인식의 차이

국어사전에서 '짹짹'이라는 단어를 찾으면 "참새 따위가 우는 소리"라고 적혀 있다. 그러나 정확하게 말해서 새가 우는지, 혹은 웃는지, 노래하는지, 불평하는지 모르기 때문에 "새가 내는 소리"라고 해야 옳을 것이다. 그것이 보다 객관적이고 타당하다.

그런데 새소리와 관련하여 한국어에서는 "운다"라고 하는데 반해 영어에서는 "노래한다(sing)"라고 한다. 여기에는 인식의 차이가 반영되어 있는데, 단지 언어를 사용하는 것만으로 그러한 인식의 차이를 수용하게 된다. 즉, 동양인은 새가 내는 소리를 슬프게 해석하는 경향이 있고, 서양인은 즐겁게 해석하는 경향이 있는 것이다.

갑작스러운 사고가 일어났을 때, 급히 피할 수 있도록 마련한 출입구를 한국인과 일본인은 '비상구(非常口)'라고 하는데, 중국인은 '태평문(太平門)'이라고 한다. 한국인과 일본인은 비상시에 초점을 맞춘 반면, 중국인은 급할수록 편안한 마음을 갖는 것이 중요하다는 사실에 초점을 맞추고 있는 것이다. 긍정적이고 적극적이며 낙관적인 마음가짐이 얼마나 중요한지 새삼 강조할 필요가 없을 것이다.

6. 지시역의 차이

사람에 따라, 혹은 국가에 따라 언어의 지시역(scope)은 달라질 수 있다. 실례로 한국어에서 '파란색'의 지시역은 매우 넓다. 산도, 하늘도, 나무도, 바다도 모두 "파랗다."라고 말한다. '파란 마음 하얀 마음'이라는 동요의 가사에 "우리들 마음에 빛이 있다면 여름엔 여름엔 파랄 거예요. 산도 들도 나무도 파란 잎으로, 파랗게 파랗게 덮인 속에서 파아란 하늘 보며 자라니까요."라는 내용이 등장하는데, 여기에서 파란색이란 '연두색, 초록색, 하늘색, 청록색' 등을 모두 포함한 색이다. 신호등의 '파란불'도 사실은 파란색이 아니라 초록색이다.

한국어에서 '시원하다'는 말의 지시역도 매우 넓다. 본래 뜻은 덥지도 춥지도 않고 서늘하다는 촉각적 표현인데, 찬물을 마셨을 때도 시원하다(미각적 표현)고 말하고, 방을 깨끗하게 청소했을 때도 시원하다(시각적 표현)고 말하고, 시험이 끝났을 때도 시원하다(심리적 표현)고 말한다. 심지어 뜨거운 국물을 마셨을 때도 시원하다고 말한다.

영어에서는 뜨거운 것과 매운 것을 구별하지 않고 모두 'hot'이라고 한다. 이 말의 본래 뜻은 뜨거운 것을 지시하는 말이었는데, 나중에 매운 음식이 들어오면서 'hot'의 지시역이 확장된 것으로 보인다. 영국의 음식 문화에서 매운 음식은 좀처럼 찾아보기 어렵다. 아마도 불같이 매운 음식이 있었다면 그에 합당한 새로운 단어를 만들어냈을 것이나 그렇지 않기 때문에 'hot'으로 표현한 것이다. 위의 내용을 표로 나타내면 다음과 같다.

한국어	푸르다	
영 어	blue	green

영 어	hot	
한국어	뜨겁다	맵다

[표 2] 한국어와 영어의 감각어 어휘 차이

이 외에도 한국어에는 친척 관련 어휘가 매우 발달해 있는데, 영어는 그렇지 않다. 이를 비교하여 표로 나타내면 다음과 같다.

한국어	영 어
큰아버지 / 작은아버지 / 백부 / 숙부 / 삼촌 / 외숙부 / 당숙 / 아재 / 아저씨 …	uncle
고모 / 이모 / 큰어머니 / 작은어머니 / 백모 / 숙모 / 외숙모 / 당숙모 / 아주머니…	aunt

[표 3] 한국어와 영어의 친족어 어휘 차이

한국어에서 아버지와 어머니의 형제를 가리키는 어휘가 발달한 까닭은 일찍부터 핵가족 제도를 고수한 미국 사회와 달리 한국 사회가 오랫동안 대가족 제도를 유지해왔기 때문이다. 아울러 미국 사회에서는 한국 사회와 달리 웃어른의 이름을 부르는 것이 자연스럽기 때문에 친족 호칭이 발달하지 않은 것이다.

7. 한국어와 한국인

한국어와 영어가 다른 것은 한국어는 한국인의 개성을 담는 도구이고, 영어는 미국인이나 영국인의 개성을 담는 도구라는 점이다. 두 언어는 태생적으로 다를 수밖에 없는데, 이를 근거로 언어와 민족의 우열을 논할 수는 없다. 다만 언어는 그 언어가 만들어진 언어공동체의 문화와 사회구조, 사회구성원의 인지구조에 따라 다양한 모습으로 존재할 뿐이다. 따라서 영어를 모국어로 사용하는 사람은 영어만 잘하는 것이 아니라, 생각과 행동까지도 미국인이나 영국인의 사고를 하게 된다.

일찍이 선각자 박은식 선생은 "일본말을 가르치면 일본 사람이 되고, 중국말을 가르치면 중국 사람이 되므로 우리는 우리말을 가르쳐야 한다."라고 역설한 바 있다. 그러기에 우리는 우리말을 아끼고 사랑해야 한다. 이는 단순히 한국어를 자랑스럽게 여기라는 말이 아니라 올바른 국어 생활을 할 수 있도록 지식을 쌓으며 실천하라는 말이다.

프랑스 부모들은 딸을 시집보낼 때 "내 딸에게 프랑스어를 잘 가르쳤다."라고 말한다. 프랑스어를 잘 가르쳤다는 말은 곧 프랑스의 정신을 제대로 가르쳤다는 말이 되며, 올바른 생각을 지닌 건강한 프랑스인으로 성장했음을 의미한다. 우리도 우리의 자녀에게 한국어와 한국인의 건강한 정신을 유산으로 남겨야 할 것이다.

■ 토의거리 ■

1. 우리말에서는 친가와 외가의 호칭이 다른데, 그중에서도 '친할아버지'와 '외할아버지'라는 호칭에는 한국인의 어떤 생각이 담겨 있는 걸까?
2. 서양에서는 여성이 결혼을 하면 아버지의 성을 버리고 남편의 성을 따른다. 일본에서도 마찬가지다. 그런데 왜 우리나라는 아버지의 성을 그대로 지키는 걸까?

■ 읽을거리 ■

류시화. 2003. 나는 왜 너가 아니고 나인가. 김영사.
서정수·노대규. 1983. 말과 생각. 한양대학교출판부.
유나영 옮김. 2006. 코끼리는 생각하지 마(조지 레이코프. 2004). 삼인.
이기동 외. 1997. 말 그 모습과 쓰임. 한국문화사.
정정덕. 1995. 언어와 인간. 영남서원.
정해경. 2003. 섹시즘 남자들에 갇힌 여자. 휴머니스트.
한국정신문화연구원 편. 1993. 문화 그리고 인간. 고려원.

제04장
한국어의 뿌리를 찾아서

알렉스 헤일리(Alex Haley)의 소설 『뿌리』는 아프리카 흑인 노예인 쿤타 킨테가 '자유'를 찾아가는 여정을 그린 것이다. 쿤타 킨테가 죽고 100년이 지난 뒤, 그의 7대손 알렉스 헤일리의 시대가 되어 아프리카 흑인 노예들이 자유를 되찾을 수 있었던 것은 그들이 자신의 뿌리를 한시도 잊지 않았기 때문이다. 아프리카계 미국인이 아니라 아프리카인이라는 것, 노예가 아니라 자유민이라는 것, 그것이 곧 그들의 뿌리였다.

그렇다면 한민족의 뿌리는 어디일까? 그 뿌리를 찾아가는 여정에서 제일 먼저 주목하게 되는 것은 언어이다. 언어학자들은 고유어를 중심으로 수사, 대명사, 신체어, 친족어 등 기초 어휘에 주목한다. 이와 마찬가지로 문화인류학자들은 언어 외에 의식주나 놀이 문화에 주목할 수 있음에도 불구하고 외부 조건의 변화에 상대적으로 영향을 덜 받는 약 270개가량의 스와디시 차트(Swardish Chart, 1000년을 기준으로 약 14%만이 변한다는 기초 어휘)에 주목하였다. 참고로 타나카 아키오(Tanaka Akio, 1988:79)는 대체가 불가능한 어휘, 복잡한 개념에 대한 새로운 명명이 필요할 때 사용하는 어휘, 기초 어휘 이외의 어휘를 설명하거나 정의할 때 사용하는 어휘, 계통 발생적으로 오래전부터 사용해 왔으며 앞으로도 계속 사용할 가능성이 높은 어휘, 다양한 화제에서 빈번하게 사용되는 어휘를 기초 어휘라고 정의한다.

한편 계통상으로는 아무 관련이 없지만 지리적 인접성이나 지속적인 교류로 인해 유사성이 발견되는 언어들이 있다. 이를 언어동조대(Sprachbund)라고 부르는데,

한국어와 일본어 및 알타이어족이라고 부르는 언어(퉁구스어, 튀르크어, 몽골어)들이 그렇다. 이들 언어는 일부 유사성이 없지 않지만 기초 어휘가 일치하지 않는다.

이 장에서는 한민족의 뿌리를 찾기 위한 수단의 일환으로 언어의 기원과 한국어의 기원을 살펴보기로 한다. 지금까지 알려진 모든 학설들은 서양의 학자들에 의해 제기된 것으로 한국어의 기원을 명쾌하게 설명하는 데 한계가 있다. 따라서 이 문제는 좀 더 신중한 접근이 필요하다.

1. 언어의 기원

언어의 기원과 관련하여 구약의 창세기 기록을 보면 제1장에 하나님이 말로써 세상을 창조한 이야기가 등장한다. 요한은 이를 가리켜 "태초에 말씀(logos)이 계셨다."라고 말하는데, 이는 '말'이 갖는 종교적인 의미를 설명한 것으로 보인다. 아담이 세상 만물의 이름을 부여하는 제2장의 기록은 말의 중요성을 강조한 것으로서 말이 신의 선물임을 암시한다. 그러다가 제11장으로 넘어가면 태초에 하나였던 언어가 수많은 언어로 갈라지게 된 까닭을 설명하고 있다.

"온 땅의 말이 하나요, 언어가 하나였더라. 이에 그들이 동방으로 옮기다가 시날(Shinar, 바빌로니아) 평지를 만나 그곳에 거하고 서로 말하되, 벽돌을 만들어 견고히 굽자 하고, 이에 벽돌로 돌을 대신하고 역청(콜타르를 가열하여 남은 끈적끈적한 물질)으로 진흙을 대신하여, 또 말하되 성과 대를 높이 쌓아 대의 꼭대기를 하늘에 닿게 하여 우리 이름을 내고 온 사방에 흩어짐을 피하자 하였더니 여호와께서 그들이 쌓는 성과 대를 보시려고 강림하셨다. 여호와께서 가라사대 이 무리가 한 족속이요 언어도 하나이므로 이같이 시작하였으니 이후로는 그 경영하는 일을 금지할 수 없을 것이다. 우리가 내려가서 그곳에서 그들의 언어를 혼잡케 하여 서로의 말을 알아듣지 못하게 하자 하시고 여호와께서 그곳에서 그들을 온 지면에 흩어놓자 그들이 성 쌓기를 그쳤다. 그 이름을 바벨이라 하니 이는 여호와께서 거기서 그들을 온 지면에 흩어놓았다."

이 기록만 놓고 보면 인간의 언어는 아담의 언어와 달리 신의 형벌처럼 느껴지는

데, 대부분의 신화에서는 언어를 신의 선물로 묘사하고 있다. 실례로 이집트 신화에서는 사람의 몸에 따오기 머리를 가진 형상으로 표현되는 달의 신이자 학문의 신 토트(Thoth)가, 인도 신화에서는 우주를 창조한 브라아마(Brahma)의 부인이자 학문과 예술의 여신 사라스바티(Sarasvati)가, 바빌로니아 신화에서는 식물의 신이자 서예의 신 나부(Nabu)가 언어를 만든 것으로 전해진다.

이와 달리 언어의 기원을 '신의 선물'이 아니라 '인간의 발명'으로 보는 관점도 있다. 언어학자인 필립 리버만(Philp Liberman)은 언어의 근본적인 특징을 음성과 의미의 '이원성'으로 설명한다. 즉, 음성 체계는 발달했지만 의미 체계가 전혀 발달하지 못한 앵무새나 의미 체계는 습득할 수 있지만 음성 체계를 전혀 습득할 수 없는 침팬지의 언어는 인간의 언어와 질적으로 다르다.

따라서 언어의 발생은 의미 체계를 습득할 수 있는 두뇌의 진화와 음성 체계를 실현할 수 있는 발성기관의 진화에 달려 있다고 볼 수 있으며, 이 두 기관은 동시에 진화했을 것으로 보인다. 이와 관련하여 리버만 교수는 비교 해부학적인 관점에서 두뇌와 발성기관의 진화를 과학적으로 분석하고 있다.

400만 년 전에 살았던 오스트랄로피테쿠스(Australopithecus)의 두개 용적은 350~500cm^3, 200만 년 전에 살았던 호모 하빌리스(Homo Habilis)의 두개 용적은 550~800cm^3, 150만 년 전에 살았던 호모 에렉투스(Homo Erectus)의 두개 용적은 850~1100cm^3, 20만 년 전에 살았던 호모사피엔스(Homo Sapiens)의 두개 용적은 1200~2000cm^{3}로 원시 인류에 비해 현생 인류의 두개 용적이 약 2~3배가량 커진 것을 볼 수 있다. 이는 그만큼 인간의 지능이 발달한 근거로 볼 수 있다.

또 다른 근거로 인간의 지능은 단선적(linear) 행위를 하는 단계에서 추적적(tracking) 행위를 하는 단계로 진화했는데, 사냥을 할 때 목표를 향해 일직선으로 움직이는 것은 단선적 행위를 하는 단계로, 불규칙적인 궤적을 그리며 움직이는 것은 추적적 행위를 하는 단계로 볼 수 있다. 전자에 비해 후자처럼 행동하기 위해서는 보행 방향과 거리를 계산해야 하므로 고차원적인 지능이 요구된다. 배우자를 선택할 때 상대를 가리지 않는 것은 단선적 행위를 하는 단계로, 상대를 신중하게 고르거나 근친교배를 피하는 것은 추적적 행위를 하는 단계로 볼 수 있다. 이 외에도 이미 발화된 내용을 기억하고 생략된 정보를 추리하여 복원할 수 있는 능력이나 사물을 추상화하여 기호화할 수 있는 능력은 추적적 행위와 밀접한 관련이 있다.

도구도 마찬가지다. 구석기 초기의 올도완(Oldowan) 스타일과 아슐리안(Acheulean) 스타일을 거쳐 구석기 중기에는 무스테리안(Mousterian) 스타일, 구석기 후기에는 오리냐시안(Aurignacian) 스타일과 마들렌(Madeleine) 스타일 등으로 진화되었다. 이 가운데 무스테리안 스타일에는 르발루안(Levalloisian) 기법이 사용되었는데, 이는 '준비된 몸돌(prepared core)'을 이용하여 석기를 제작하는 기술로 몸돌을 목적에 맞게 미리 제작한 다음 여기에서 일정한 형태의 격지를 계속 떼어내어 가공하는 방식이다. 즉, 단선적 행위를 하는 단계에서 추적적 행위를 하는 단계로 진화한 것이다. 이러한 석기 제조법을 언어와 연관 지어 생각하면 르발루안 기법이 등장하기 전에는 언어도 출현하지 않았을 것이라는 추론이 가능하다. 따라서 언어의 기원은 50만 년 전 이상으로 올라갈 수 없다는 것이 정설이다.

한편 두뇌의 진화는 언어의 발생에 필요조건이지만 충분조건은 될 수 없다. 언어가 발생하기 위해서는 두뇌의 진화와 함께 발성기관의 진화가 필수적으로 요구되기 때문이다. 기본적으로 인간의 발성기관과 침팬지의 발성기관이 다르기 때문에 인간의 언어와 침팬지의 언어가 다른 것이다. 그렇다면 인간과 침팬지의 발성기관은 어떻게 다르며, 어떤 과정을 거쳐 다르게 진화했을까?

직립보행을 하게 됨으로써 두뇌가 커지게 되었고, 그로 인해 두개골의 앞뒤 길이는 짧아지고 위아래로 길어지면서 후두가 아래로 내려가게 되었다. 후두가 목구멍에 가까운 위쪽에 있을 때는 구강의 모양이 일자 형태이므로 호흡이 순식간에 빠져나감으로써 소리가 단조로울 수밖에 없었지만 후두가 아래로 내려가면서 혀의 움직임은 상대적으로 자유롭게 되었고, 공명관이 휘어져 기역자 형태가 되므로 적은 힘으로 다양한 소리를 낼 수 있게 되었다. 이러한 변화는 갓난아이가 성장하는 과정에도 동일하게 나타난다.

결론적으로 말해 인류가 언어의 루비콘 강을 건너게 된 것은 대뇌 용적이 최소한 1000cm^3에 달하여 추적적 사고에 능하고, 직립보행을 선택함으로써 성문이 하강된 상태로 진화한 네안데르탈인이 등장했기 때문이다. 추측건대 그것은 지금으로부터 약 50만 년 전에 일어난 일이다.

2. 한국어의 기원

한국어는 어디에서 왔을까? 한국어의 뿌리를 찾는 일은 한국어를 공부하는 데 있어서 가장 기본적인 과제이다. 하지만 아직까지 한국어의 뿌리가 무엇인지 명쾌한 결론이 내려지지 않고 있다. 불행히도 한국어의 선사시대 모습을 객관적으로 이해할 수 있을 만큼의 자료가 부족하기 때문이다. 따라서 현재 한국어의 기원은 베일에 가려져 있는 상태라고 할 수 있다.

한국어의 기원과 관련하여 다양한 가설이 제기되었는데, 그중에 국어 계통 연구에 전환점을 마련한 언어학자 구스타프 람스테트(Gustaf J. Ramstedt)의 알타이어족설이 국내외의 학자들에 의해 적지 않은 지지를 받고 있다. 하지만 그 스스로도 "한국어는 더 연구를 해야만 하는 불가사의한 언어이다."(Poppe, 1950:572)라고 말했을 만큼 그것을 정설로 보기는 무리가 따른다. 다시 말해 알타이어족설 또한 가설에 불과한 것이다.

지금까지 한국어의 계통을 밝힌 대표적인 학설로는 '우랄알타이어족설'을 시작으로 가장 널리 알려진 '알타이어족설'과 새롭게 주목을 받기 시작한 '동북아시아어족설', '반알타이어족설' 등이 있다. 이 장에서는 이들 학설을 살펴보기로 한다.

알타이어족설

한국어의 계통에 관한 연구는 19세기 말엽 유럽의 비교언어학자와 선교사 등에 의해 주도되었다. 이와 관련하여 1730년에 독일 출신의 스웨덴 장교이자 지리학자인 요한 스트라렌베르그(Johan von Strahlenberg)가 우랄알타이어족설을 처음 주장한 이래로 1856년에는 핀란드 언어학자 카스트렌(Mattias A. CastrAn), 1864년에는 프랑스 민속학자 레온 로스니(Léon de Rosny), 1874년에는 프랑스 선교사 클라우드 달레(Claude C. Dallet), 1878년에는 스코틀랜드 선교사 존 로스(John Ross), 1879년에는 영국 외교관 애스톤(William G. Aston), 1927년에는 러시아 언어학자 예프게니 폴리바노프(Evgenii D. Polivanov) 등이 이와 유사한 주장을 제기했다.

그러다가 헬싱키대학에서 터키어와 몽골어를 강의하던 람스테트가 우랄어족과 알타이어족을 분리하여 한국어의 알타이어족설을 주장하게 된다. 그는 1919년에 도쿄에 대리공사로 부임하면서 한국어를 공부하기 시작하였고, 1928년에 <Remarks on the Korean Language>라는 글을 발표하면서 본격적으로 한국어의 계통에 관한 연구를 진행하였다. 이 글에서 그는 한국어와 알타이어의 음운사 및 형태사를 비교하여 둘 사이에 친근 관계가 있다는 결론을 내린다.

람스테트의 이론을 한 단계 발전시킨 인물은 러시아의 언어학자 니콜라스 포페(Nicholas N. Poppe)이다. 그는 <Introduction to Mongolian comparative studies>(1955)에서 "알타이제어와 한국어의 관계는 확실치 않지만 한국어가 알타이어 기층에 있는 것은 확실하다."(Poppe, 1960:6)라고 주장한다. 이후 1965년에는 <Introduction to Altaic Linguistics>에서 알타이제어와 한국어의 친근성에 관한 세 가지 가설을 제시하지만 결론은 유보하였다. 첫째, 한국어는 알타이제어와 친근 관계가 있을 수 있다. 둘째, 원시 한국어는 알타이 공통조어가 존재하기 전에 분열했을지 모른다. 셋째, 한국어는 알타이제어의 기층밖에는 없다.

알타이어와 구조상 공통점으로 지적된 특질은 다음과 같다. ① 단어의 음운구조가 비교적 간단해서 단어의 첫머리에 자음군이 오지 않는다. ② r로 시작되는 단어가 없다. r로 시작되는 외국어 단어를 차용할 때는 l이나 n으로 바꾼 형태로 받아들이는 것이 보통이다. ③ 모음조화 현상이 있다. 모음이 강모음과 약모음 두 계열로 나뉘어 대립하며, 하나의 단어의 내부에서 어느 한쪽 계열의 모음만 나타난다. ④ 단어의 형태는 2음절 이상인 것이 많다. ⑤ 단어의 형태적 구조는 이른바 교착어인데, 관사나 전치사 같은 형식은 없으며 접미사의 연결에 의해 새로운 단어를 구성한다. 곡용이나 활용의 문법 현상은 접미사에 의해 표시되며 뒤에 붙는 부속어나 후치사의 연결에 의해 여러 가지 문법 기능과 의미상 구별이 가능하다. ⑥ 명사는 문법적인 성의 구별이 없으나 복수접사, 격어미가 붙어 곡용하고, 소유나 소속을 뜻하는 어미가 붙는다. ⑦ 형용사는 명사에 준하여 곡용할 수 있다. ⑧ 동사의 활용 체계는 복잡하고 수많은 활용형이 있다. ⑨ 관계대명사는 없다. 접속사도 충분히 발달해 있지 않다. ⑩ 수식어는 피수식어 앞에 놓인다. ⑪ 목적어나 보어는 그것을 지배하는 동사에 선행한다. ⑫ 주어는 다른 성분보다 앞에 놓이고 서술어는 맨 뒤에 놓여 문장을 끝맺으나 서술어 하나만으로 문장이 될 수 있다.

국내에서는 광복 이후에 김윤경(1931), 이숭녕(1956), 김방한(1962), 이기문(1967) 등이 중심이 되어 한국어와 알타이제어를 비교하는 연구를 시작했는데, 대부분 람스테트와 포페의 영향에서 벗어나지 못했다.

반알타이어족설

한국어와 알타이제어 사이에 기초 어휘의 유사성이 전혀 없다는 이유로 반알타이어족설을 주장하는 목소리가 적지 않다. 터키어를 연구한 독일의 언어학자 요한네스 벤징(Johannes Benzing, 1953)을 비롯하여 영국 관리 제라드 클로슨(Gerard Clauson, 1956), 헝가리 언어학자 루이스 리게티(Louis Ligeti, 1960), 독일 문헌학자 게르하르트 되르퍼(Gerhard Doerfer, 1963) 등이 그 대표적인 인물이다.

벤징은 한국어와 알타이제어 사이에 공통된 수사가 없을 뿐만 아니라 선행 연구자들이 제시한 예문의 적절성이 의심스럽고, 어원 해석마저 잘못된 것이 많다는 사실을 지적했다. 클로슨은 튀르크어와 몽골어에 공통적으로 나타나는 낱말들 가운데 대부분이 튀르크어에서 몽골어로 차용된 것으로 보고 있다. 리게티는 한국어가 알타이어족에 포함될 가능성이 전혀 없는 것은 아니지만 과학적으로 증명되지 않은 가설이므로 비교언어학적인 방법으로 좀 더 신중하게 연구해야 한다는 입장을 취한다. 되르퍼 또한 클로슨과 같은 입장을 취하면서 덧붙여 한국어와 알타이제어 동사 활용 방식에서도 공통점이 없다는 사실을 강조했다.

김방한(1983)은 처음에 한국어의 알타이어족설을 지지하는 입장이었으나 김방한(1989)에서는 "알타이제어의 언어 구조는 현저하게 유사하지만 어휘 면에서 차용어를 제외하면 공통된 요소가 없거나 혹 있다고 해도 극히 소수이다. 알타이제어는 역사적으로 대단히 밀접한 접촉을 갖고 서로 강한 영향을 미친 결과, 언어 구조가 유사해지고 차용에 의해서 서로 공통된 요소를 가지게 되었다고 본다."라고 입장을 바꾸었다.

선행연구에서 제시한 반알타이어족설의 특징을 요약하면 다음과 같다. ① 알타이제어는 기초어휘인 신체어나 친족어, 수사 중에 유사한 것이 거의 없고, 대명사

일부가 유사할 뿐이다. ② 음운대응의 규칙성이 정확하지 못하다. ③ 알타이제어의 언어 구조는 매우 유사하지만 차용어를 제외하면 공통된 요소가 매우 적다. ④ 문법요소의 일부 유사성으로는 알타이제어의 친근성을 증명하기에 충분치 않으며 문법 요소도 일부 차용될 수 있다. ⑤ 역사적으로 밀접한 접촉을 가졌고 서로 강력한 영향력을 끼친 결과, 언어구조가 유사해졌고 차용어로 인하여 공통 요소가 생겼다.

사실 '알타이'라는 용어에도 문제가 있다. 알타이란 몽골의 서남부에 위치한 해발 4000m의 높고 험준한 알타이 산맥에서 유래한 말이다. 상식적으로 생각해도 이러한 조건에서 인류가 문명을 발전시켰다고 생각하기는 어렵다. 오히려 이러한 조건은 문화를 갈라놓는 경계가 되기에 적합하다. 따라서 알타이어 계통설을 전적으로 신뢰할 것이 아니라 비판적인 관점에서 시시비비를 가리는 자세가 필요하다.

동북아시아어족설

한국어 계통 연구를 19세기 말의 유럽 학자들이 주도한 까닭은 당시 아시아가 경제적으로나 종교적으로 유럽의 주목을 받고 있었기 때문이며, 동시에 당대 유럽의 지성들이 다윈의 진화론에 흠뻑 빠져 있었기 때문이다. 그 대표적인 인물로 독일의 언어학자 아우구스트 슐라이허(August Schleicher)는 동일한 언어의 기원을 소급해 올라가 공통의 언어, 즉 조어(parent language)를 추론하는 언어 계통수 이론을 개척하였다. 그 결과 어족(language family)이라는 개념이 등장하게 된다.

그 무렵 우리나라는 서구 열강의 잦은 침략에 시달리고 있었고, 불행히도 20세기 초에 일본의 식민지로 전락하면서 학문의 주체성을 상실했을 뿐만 아니라 자발적인 한국어 계통 연구를 할 수 없는 처지였다. 따라서 한국어 계통 연구는 광복 이후에 비로소 본격화될 수 있었는데, 몽골은 1921년에 공산국가가 되었고, 만주는 한족화되어 민족과 언어가 모두 사라진 후였으므로 비교 연구가 쉽지 않았다. 그러다가 1990년에 한국과 몽골의 국교가 정상화됨에 따라 한국어 계통 연구에 새로운 장이 열렸다.

지금껏 우리는 서양인의 시각과 잣대를 무비판적으로 수용한 것이 사실이다. 예

에 있었다. 그리하여 이들 두 민족은 차용 문화가 혼재해 있으며, 언어 또한 마찬가지다. '반알타이어족설'을 지지하는 학자들은 이러한 주장에 동조하여 몽골어와 터키어는 차용 관계에 있을 뿐이지, 친족 관계가 아니라고 주장한다.

하지만 이를 근거로 한국어의 알타이어족설을 부인하기는 어렵다. 어디까지나 그들의 학문적 관심이나 연구 초점은 터키어와 몽골어에 놓여 있었기 때문에 한국어와 몽골어, 만주어와는 무관하다. 실제로 한국어와 몽골어는 '눈, 코, 입' 등 다수의 신체어가 음운 및 형태적으로 유사성을 보이고 있기 때문에 주목할 만한 가치가 있다. 음운 대응의 불규칙성도 터키어와 몽골어에 나타나는 현상일 뿐, 한국어와 몽골어, 만주어에는 맞지 않는다. 이들 언어는 문법적 요소의 유사성은 물론이요, 일부 음운대응도 유사하며, 기초 어휘에서 일치하는 부분이 적지 않다.

사실 람스테트에 의해 알타이어족설의 근원지로 지목된 흥안령 산맥 일대는 우리 한민족이 몽골족, 만주족과 더불어 오랫동안 함께 살아온 지역이라는 점에서 이들 민족과 역사적인 유사성이 많을 뿐만 아니라 민속적, 종교적, 체질적, 언어적 공통점이 상당수 발견된다는 점에 주목해야 한다.

알타이제어의 기초어휘가 부족하다든지, 문법적 요소의 유사성이 적다는 반알타이어족설의 학설은 전적으로 몽골어와 터키어의 관계에 초점을 맞춘 연구 결과일 뿐이다. 몽골어와 터키어가 서로 차용 관계에 있다는 점에는 동의할 수 있지만, 이를 근거로 한국어와 몽골어, 만주어의 친족 관계까지 의심하기는 어렵다.

따라서 한국어와 몽골어, 만주어는 같은 계통의 언어라 할 수 있고, 이들이 동북아시아에 위치한 언어군이라는 점을 감안하여, 우선 '동북아시아어족'이라 가설을 세울 수 있을 것이다. 인종적으로 몽골반점이 있고, 체형인류학적 형질이 유사하게 나타나며, 고고학 유물이 유사하고, 민속학적 풍속도 매우 비슷하게 나타난다는 점도 동북아시아어족설을 뒷받침하고 있다. 그러나 아직 밝혀진 것은 위에서 언급한 것과 같이 몽골어와 한국어 사이의 어휘의 유사성(눈, 코, 귀, 입, 혀, 갈비, 궁둥이, 손가락, 불알, 젖, 머리, 발, 팔 등), 음운론적 유사성(모음조화, 모음체계나 자음체계), 문법요소의 유사성(명사의 곡용과 동사의 활용 부분, 문장구성 순서나 토씨의 용법) 등으로 이에 대한 체계적인 연구가 뒷받침되어야 할 것이다.

■ 토의거리 ■

1. 한국어의 계통에 관한 연구가 활성화되지 못하고 있는 까닭은 무엇일까?
2. 한국어의 계통을 밝힐 수 있는 방법으로 언어 비교 연구 외에 또 어떤 방법이 사용될 수 있을까?

■ 읽을거리 ■

김광해. 2003. 기초어휘의 개념과 중요성. 『새국어생활』 제13권 3호, 국립국어원.

김방한. 1983. 한국어 계통론. 민음사.

김진우. 1990. 언어, 그 이론과 응용. 탑출판사.

김수경. 1989. 세 나라시기 언어력사에 대한 남조선학계의 견해에 대한 비판적 고찰. 평양출판사.

김 욱. 2002. 유전자로 밝혀보는 한민족의 뿌리. 신동아 2002년 1월호. 동아일보사.

나세진. 1964. 한국민족의 체질인류학적 연구. 한국문화사대계 Ⅰ. 고려대학교 민족문화연구소.

류 렬. 1990. 조선 민족어 발전력사연구. 평양.

성백인. 1981. 만주어음운론연구. 명지대학교출판부.

이기문. 1972. 국어사개설. 민중서관.

최기호. 1992. 몽골어의 문법과 회화. 한강문화사.

최기호. 1993. 한국어의 계통연구. 몽골학 1집. 한국몽골학회.

최기호. 1998. 알타이어족설은 수정되어야 한다. 문학과 의식.

제05장

한국어와 한국 문화

한국어란 한국의 문화가 투영되어 있는 한국인의 언어를 가리키는 말이다. 흔히 '국어'라고도 하는데, 국어란 '나라의 언어'를 뜻하는 말로 그 말을 사용하는 사람에 따라 '한국어'가 될 수도 있지만, '중국어'도 될 수 있고, '영어'도 될 수 있다. 게다가 모국어를 국어라고 칭하는 나라는 우리나라와 일본밖에 없으므로 일제의 잔재라는 비난을 받기도 한다. 반면에 '한국어'는 중국어나 일본어, 독일어, 프랑스어 등과 같은 개별 언어의 구체적인 명칭으로 그 말을 사용하는 사람에 따라 달라지는 법이 없다. 다만 '한국어'라고 할 때, 외국어로서 국어를 떠올리는 사람이 있는 것은 사실이다.

일반적으로 한국인이 '국어'라고 말하면 그것은 자동적으로 한국어를 가리키는 말이 된다. 그러나 한국에 거주하는 일본인이 국어라고 말하면, 혹은 일제 치하에 친일파가 국어라고 말했다면 그것은 일본어가 될 수도 있다. 만약 여러 개의 언어가 공존하는 사회라면 더 큰 문제가 생길 것이다. 이와 관련하여 불필요한 혼란을 피하기 위해서라도 국어라는 말보다 한국어라는 말을 사용하는 편이 낫다는 주장도 있다.

이 외에도 '우리말'이라는 표현을 사용하기도 하는데, 일반적으로 우리글을 가리켜 '한글'이라고 하고, 우리말을 가리켜 '한말'이라고 하는 관점에서 보면 적당한 표현이라고 하기 어렵다. 한국어는 한글과 한말을 포함하기 때문이다. 따라서 한반도에 살면서 한글과 한말을 사용하는 한나라, 한겨레, 한민족의 언어는 한국어라고 하는 것이 마땅하다. 영어(English)라는 말에 영국인의 그림자가, 중국어(支那語)

라는 말에 진나라의 그림자가 드리워져 있듯, 한국의 문화와 역사가 살아있는 언어는 한국어인 것이다.

이 장에서는 한국어가 한국인의 의식 구조와 한국의 문화를 어떻게 반영하고 있는지 살펴보기로 한다.

1. 미괄식 구문과 체면 문화

언어는 생각의 기본 단위인 문장이나 문단의 형태로 실현되는데, 문장을 어떻게 결합하느냐에 따라 문단을 두괄식이나 미괄식 등으로 구성할 수 있다. 생각을 전개할 때, 중심 생각을 앞부분에 제시하는 방식은 두괄식 혹은 산열문(散列文, loose sentence)이라고 하고, 중심 생각을 뒷부분에 제시하는 방식은 미괄식 혹은 도미문(掉尾文, periodic sentence)이라고 한다.

대체로 한국어는 원인이나 조건 등을 나타내는 종속절이 앞에 오고 결과를 나타내는 주절이 뒤에 오는 미괄식 문단으로 구성된다. 이처럼 문장의 수식 관계가 왼쪽에 집중되어 있는 형태를 좌분지 구성이라고 하는데, 이러한 형태가 빈번하게 나타나는 원인으로는 한국어의 어순이 SOV 형태이기 때문일 수도 있고, 체면을 중시하는 한국의 문화적 전통 때문일 수도 있다.

이에 비해 영어 등 인도유럽어에서는 문장의 수식 관계가 오른쪽에 집중되어 있는 우분지 구성, 즉 두괄식 문단을 주로 사용한다. 즉, 중심 생각을 먼저 말하고 그 뒤에 원인이나 조건 등을 늘어놓는 식이다. 이러한 형태가 빈번하게 나타나는 원인으로는 인도유럽어의 어순이 SVO 형태이기 때문일 수도 있고, 합리적인 사고를 중시하는 문화적 전통 때문일 수도 있다. 다음과 같은 예를 통해 비교해 보자.

(1) 한국어: 나는 너를 좋아한다.
영　어: I like you.

(2) 한국어: 내가 어제 아파서 못 나갔어. 정말 미안해.
영　어: I'm so sorry. I couldn't show up yesterday because I

was sick.

예문 (1)에서 보는 바와 같이 한국어와 영어는 서술어의 위치가 다르다. 한국어에서는 서술어 "좋아한다."가 맨 뒤에 오는데, 영어에서는 서술어 "like"가 앞에 온다. 따라서 영어에서는 문장의 의미를 금방 파악할 수 있지만, 한국어에서는 말을 끝까지 들어봐야 그 뜻을 파악할 수 있다. 예컨대 "나는 너를 좋아하지 않는 것은 아니지만…"처럼 말을 바꿀 수도 있는 것이다.

아울러 예문 (2)에서 보는 바와 같이 한국어와 영어는 주절과 종속절의 위치가 다르다. 한국어에서는 원인을 나타내는 종속절이 앞에 오고 결론을 나타내는 주절이 뒤에 오지만, 영어에서는 이와 정반대이다. 이때 결론을 먼저 알고 원인을 나중에 알게 되는 영어에서는 원인과 결론의 논리적 연결고리를 판단하면서 듣게 되는 장점이 있지만, 결론을 미리 알고 있기 때문에 끝까지 대화에 집중하지 못하는 단점이 있을 수 있다.

이와 관련하여 서정수(1993)는 미괄식 문단의 장점으로 다음과 같은 점을 꼽는다. 첫째로, 미괄식 문단은 순차적인 사고능력을 키운다. 작은 것으로부터 큰 것으로, 덜 중요한 것으로부터 더 중요한 것으로 발전하는 식이다. 이는 "변죽을 치면 복판이 운다."라는 속담에도 잘 나타나 있듯 복판을 치기에 앞서 변죽만 쳐도 그 뜻을 제대로 전달할 수 있다고 믿는 한국인의 전통적인 인식에서 비롯된 것이다. 둘째로, 미괄식 문장은 절정으로 치닫는 긴장감을 형성한다. 주변적인 것을 먼저 서술함으로써 분위기를 잡다가 점차 중요한 것을 드러내어 절정을 이루는 것이다. 한국어의 어순은 점층법을 사용하기에 안성맞춤이다. 셋째로, 심리적인 충격을 완화할 수 있다. 거절을 하거나 부정적인 감정을 드러내야 할 때, 그것을 최대한 뒷부분에 배치함으로써 충격을 감소하는 것이다. 이는 충고를 할 때, 상대방의 거부 반응을 누그러뜨리는 데 효과적이다. 넷째로, 대화를 끝까지 경청하도록 만든다. 결론이 뒷부분에 있기 때문에 결론을 기대하면서 이야기에 끝까지 집중하도록 만드는 것이다.

그런데 미괄식 문단에 장점만 있는 것은 아니다. 첫째로, 중심 문제보다 주변 문제에 초점이 맞춰질 수 있다. 주변적인 이야기를 하느라 정작 중요한 이야기를 꺼내지도 못하거나 빠뜨릴 수 있다. 둘째로, 신속하게 문제를 해결하는 데 비능률적이다. 특히 시간을 다투는 사안의 경우, 장황한 도입부로 인해 대화에 집중하지 못할 수도 있다. 셋째로, 결론을 지연시킴으로써 불만을 야기할 수 있다. 즉, 타인의 요청을 거절할 경우, 빨리 결론을 내려야 하는데, 그렇게 하지 않음으로써 시간을 낭비하게 만드는 경우가 있을 수 있다.

2. 점의 논리와 흥의 문화

한국어는 인도유럽어에 비해 생략이 자유롭다. 특히 입말에서 영어처럼 주어, 목적어, 서술어를 모두 갖추어 쓰면 오히려 어색하게 느껴진다. 예를 들어 "누가 이 책을 읽었어요?"라고 물었을 때, "예, 제가 이 책을 읽었습니다."라고 대답하지 않고 "저요."라고 대답하는 것이 훨씬 더 자연스럽다.

이에 대해 서정수(1993)는 한국인의 사고방식은 '점의 논리'에 가깝다고 말한다. 말이나 글에서 점의 논리란 일정 부분의 내용을 생략하고 징검다리를 건너듯 표현하는 것을 뜻한다. 가령, "산 절로 물 절로 나도 절로 / 별 하나 사랑 하나 / 벽창호다 / 안성맞춤이다 / 받아 논 밥상이다 / 척하면 삼천리지."와 같은 표현은 얼른 보아 이해하기 어렵지만 이것은 함축미가 뛰어나고 감칠맛이 도는 표현이라고 할 수 있다. 즉, 함축미가 뛰어난 한국어는 시를 쓰기에 적합한 언어인 것이다. 이는 서양의 언어에서 찾아볼 수 있는 '선의 논리'와 대조를 이룬다. 선의 논리란 '주어-서술어-목적어'가 모두 갖추어져 있는 선적 연결을 보인다. 그중 일부를 생략하는 것은 특별한 경우를 제외하고 허용되지 않는다.

그렇다면 점의 논리는 어떤 점에서 긍정적일까? 첫째로, 생략이 자유롭다. 따라서 말의 함축미가 뛰어나고 은은한 멋을 드러내기에 적합하다. 말과 말 사이가 끊어지면서 생기는 여백에 여운이 농축되어 오히려 풍미를 높일 수도 있다. 굳이 말을 하지 않아도 이심전심으로 생각과 정이 통하는 것이다. 전통적으로 한국인들은 사랑한다는 말을 아꼈는데, 이는 점의 논리에 길들여진 결과로 볼 수 있다. 우리의 민족성으로 알려진 은근과 끈기 또한 점의 논리와 결코 무관하지 않다. 둘째로,

감성이 풍부하다. 선의 논리가 이성적이라면 점의 논리는 감성적이어서 부드럽고 달콤하다. 이는 모나지 않게 사는 것을 미덕으로 여기는 우리의 전통적인 사고방식과 무척 닮아 있다. 점은 선과 달리 서로 연결되어 있지 않지만, 점과 점이 모여 조화를 이룬다. 날카롭지도 않고 차갑지도 않다. 전체적으로 두루 어울리는 속성을 내포하고 있기 때문이다. 셋째로, 산문이 선의 논리를 따른다면 운문은 점의 논리를 따른다. 우리 민족의 대표적인 정서로 한과 흥을 꼽듯이, 신명이 넘치는 노래와 춤으로 감정을 다스리는 것이다.

점의 논리에는 단점도 적지 않다. 첫째로, 논리적 비약이나 부정확성을 낳기 쉽다. 논리적인 표현이란 인과관계가 명확해야 하는데, 일부 내용이 생략됨으로써 애매모호한 부분이 발생할 수밖에 없다. 예를 들어 "밥 아니 먹어도 배부르다."라는 말은 엄밀하게 말해 비논리적인 표현이다. 대체로 난해한 글의 공통점은 글을 쓰는 사람의 관점에서 무의식적인 생략이 빈번하게 일어나기 때문이다. 둘째로, 감정에 사로잡혀 객관적인 판단이 쉽지 않다. 시시비비를 가리거나 사리분별을 제대로 하기 위해서는 공정하고 객관적인 기준이 있어야 하는데, 공사를 구분하지 않고, 내것 네것 가리지 않기 때문이다. 셋째로, 비판의 부재를 초래할 수 있다. 왜냐하면 점의 논리는 '우리'를 강조하는 개념이므로 원칙을 앞세우기 전에 정에 이끌려 온정주의로 치닫는 경우가 많기 때문이다.

이와 함께 한국어에는 유독 의성어와 의태어가 많다. 판소리 명창인 김소희의 <새타령>을 들어 보면 "저 할미새 이리로 가며 히삐죽 저리로 가며 꽁지 까불까불 팽당그르르르 살 맞인 저 할미새 좌우로 다녀 울음 운다."라는 구절이 나온다. 여기에서 과연 '히삐죽'은 무엇이며, '팽당그르르'는 무엇일까? 이는 사전에도 나와 있지 않는 말이라 그 정확한 뜻을 알 수야 없지만 어렵지 않게 새가 날아다니는 모습이 떠오를 것이다. 사실 의성어와 의태어는 현실을 객관적으로 묘사한 말이 아니라 주관적으로 묘사한 것이다. 예컨대 "물이 {졸졸졸/줄줄줄/콸콸콸} 흐른다."라는 말이 있다면 물줄기의 정확한 차이가 느껴지는가?

아울러 오감을 표현하는 감각어가 무척 발달해 있다. 빨간 색의 경우 '빨갛다, 뻘겋다, 새빨갛다, 시뻘겋다' 등으로, 달콤한 맛의 경우 '달다, 달콤하다, 달짝지근하다, 들쩍지근하다' 등으로 표현이 가능하다. 영어에서 이에 상응하는 단어로는

'red'나 'sweet'밖에 없다. 심지어 영어로 sweet는 '고소하다'라는 뜻으로 쓰인다. 한국어에서 감각어가 얼마나 자주 사용되는지 사람에게도 '싱거운 사람, 짠 사람, 차가운 사람, 따뜻한 사람'처럼 감각어를 사용하기도 한다.

그렇다면 이러한 특성과 한국인의 사고 유형은 어떤 관련이 있을까? 이는 정서와 감정이 풍부한 한국인의 생활상이 언어에 반영된 것이라고 볼 수 있다. 즉, 한국인은 이성적이라기보다 감성적이라는 평가를 받는데, 이는 외국 영화나 책을 우리말로 번역할 때 뚜렷하게 나타난다. <더 울버린>(The Wolverine, 2013)이나 <퍼시픽 림>(Pacific Rim, 2013)처럼 요즘 수입되는 외화들은 외국어 제목을 그대로 사용하는 경향이 있지만, 예전 영화들은 감수성이 풍부한 우리말로 의역되는 경우가 태반이었다. 그 몇 가지 사례를 살펴보면 다음과 같다.

(3) ㄱ. 젊은이의 양지(The place in the sun)
ㄴ. 사랑은 빗물을 타고(Singing in the rain)
ㄷ. 사랑과 영혼 (Ghost)
ㄹ. 붉은 10월(The hunt for red October)
ㅁ. 마음의 고향(Place in the heart)
ㅂ. 산장의 여인(Room at the top)
ㅅ. 피서지에서 생긴 일(A summer place)
ㅇ. 7일 간의 사랑(Man, woman and child)
ㅈ. 우리에게 내일은 없다(Bobbie and Clyde)

예문 (3)에 소개한 영어와 한국어 영화 제목을 보면 두 언어의 차이를 분명히 느낄 수 있을 것이다. 한국어 제목은 내포적인 의미에 초점을 맞추고 있다면, 영어 제목은 외연적인 의미에 초점을 맞추고 있다. 실례로 'The place in the sun'을 <햇빛이 잘 드는 곳>으로 직역하지 않고 <젊은이의 양지>로 의역함으로써 영화 스토리와 정서, 분위기 등을 제대로 소개하고 있는 것이다. 생각건대 이것은 우리 민족 고유의 정서이기도 하다. 이성적이고 합리적이기보다는 감성적이고 낭만적인 것이다.

다만 "미치겠다, 죽겠다" 등과 같은 비관적이고 부정적인 감정 표현이 적지 않게 사용된다는 점은 지양되어야 할 것이다. "좋아서 미치겠고, 싫어서 미치겠고, 배고

파 죽겠고, 배불러 죽겠고…" 온통 미칠 일과 죽을 일 천지이다. 미칠 만큼, 혹은 죽을 만큼 좋다거나 배가 부르다는 것을 강조하려고 했던 걸까, 아니면 미칠 만큼, 혹은 죽을 만큼 싫다거나 배고 고프다는 것을 강조하려고 했던 걸까? 그 시작이야 어쨌든 감정을 과장하는 것은 피곤한 일이다. 더군다나 그것이 비관적이고 부정적인 감정의 분출이라면 마땅히 지양하는 것이 바람직한 일이다.

3. 완곡 화법과 배려 문화

한국어에는 완곡하고 두루뭉술한 표현이 많다. 우선 숫자부터가 그렇다. "한두 개"나 "여남은 개"는 정확히 몇 개라는 것일까? 여기에서 문제는 어림수 그 자체에 있는 것이 아니라 그것을 아무렇지 않게 남용하는 의식에 있다. 등산을 할 때, 목적지까지 남은 거리를 물으면 어김없이 돌아오는 말이 "거의 다 왔어요."이다. 이것은 어느 한 개인의 문제가 아니라 우리 사회 전반에 퍼져 있는 언어습관이라는 점에서 그 이유를 한 번쯤 따져봐야 할 것이다.

밥을 먹을 때마다 "뭐 먹을까?" 하고 묻는 사람이 있는데, 그럴 때마다 "아무거나 먹지."라고 대답하는 사람이 꼭 있다. 그런데 막상 음식을 대신 주문하려고 하면 "그건 별론데."라고 말한다. 스테이크를 먹으러 가서도 고기를 어떻게 구울까 물으면 적당히 구워달라고 말한다. 커피에 설탕에 넣을 때도 적당히, 화분에 물을 줄 때도 적당히…. '적당히' 타령이 끊이지 않는다. 그런 가하면 "마음대로"를 늘 입에 달고 사는 사람도 있다.

시어머니가 며느리에게 "날도 추운데 마중 나오지 마라."라고 한다면 어떻게 해야 할까? 정말로 마중을 나가지 않아도 될까? "아범아 잘 있지? 우린 아무것도 필요 없다."라고 말하면서 망가진 텔레비전이나 세탁기를 만지작거리는 광고에서부터 며느리가 용돈을 준다고 하는데 "놔둬라 놔둬."라고 말하며 주머니를 은근슬쩍 열어 보이는 광고를 보고 있노라면 한국인의 완곡 화법은 결과적으로 부정확한 정보를 전달한다는 점에서 피로를 증가시킬 수 있지만, 궁극적으로 상대를 배려하는 마음에서 시작된 것이라는 점은 틀림이 없다.

지금까지 드러난 사실만 놓고 보면, 한국 사회는 원리·원칙보다 상황을 중시하는 사회임을 알 수 있다. 상황을 중시하는 사회란 대화 상황에 따라 대화 내용이 바뀌고 대화 태도가 달라지는 것을 의미한다. 이는 그만큼 대화를 상호 협력적인 활동으로 받아들이고 있음을 의미한다.

4. 높임법과 권위주의 문화

한국어는 높임법이 발달한 언어이다. '밥, 식사, 진지, 수라' 등의 명사에서도, '대왕이, 대왕께서, 대왕께옵서' 등의 조사에서도, '먹다, 드시다, 잡수시다' 등의 동사에서도 다양한 높임 표현이 사용된다. 신하는 '똥'을 싸지만 대왕은 '매화'를 본다. 이와 관련하여 신문 연재만화에서도 이러한 세태를 풍자하고 있다.

(4) 노동일하는 이 씨는 밥 먹고 집에서 놀다 사망했고…
무슨무슨 박사 김 씨는 식사하고 주택에서 오락하다 타계하고…
어디 이사장 박 씨는 오찬하고 저택에서 레크리에이션하다 별세했다고 합니다.
각종 매체를 통해 우린 많은 소식을 듣고 있습니다.
하지만 그 많은 소식들이 과연 민주적으로 전달되고 있을까요?
(이우일, 도날드 닭)

이처럼 직업에 따라 혹은 지위에 따라 높임법 체계가 복잡한 언어는 그만큼 사회 구조가 권위적이라는 것을 암시한다. 존경을 받을 만한 사람에게 존칭을 사용하는 것은 기본적인 일이지만, 단지 나이가 많다거나, 지위가 높다거나, 돈이 많다는 이유로 존칭의 사용을 강요한다면 그것은 건강한 사회라고 할 수 없다. 그것은 신분 사회에서나 있을 수 있는 일이기 때문이다.

한국어처럼 연령이나 지위에 따라 엄격한 언어 예절이 요구되는 언어도 드물다. 실례로 남의 말을 인용할 때, 그를 높일 것이냐 높이지 않을 것이냐에 따라 다르고, 그 말을 전할 상대를 높일 것이냐 높이지 않을 것이냐에 따라 또 다르다. 전자를 주체높임법이라고 하고, 후자를 상대높임법이라고 하는데, 이는 전적으로 인품이 아니라 연령이나 사회적 지위에 따라 결정된다.

기본적으로 한국어의 높임법은 배려를 중시하는 문화적 전통에서 비롯된 것이지만 동시에 계급의식이 투철했던 양반 사회의 잔재이기도 하다. 따라서 높임법을 폐지하자는 건의도 제기되고 있다. 이와 관련하여 높임법의 장점을 살펴보면, 높임법은 인간관계에서 연령이 높거나 지위가 높은 사람에 대해 존중하는 마음의 태도를 가지게 한다. 부부 간에도 높임법을 사용하면 부부싸움을 줄일 수 있다. 서양에 비해 동양의 청소년들이 어른에 대한 예의를 차릴 줄 아는 것도 모두 높임법 덕분이라고 할 수 있다.

반면에 높임법의 단점은 인간관계를 수직적으로 보게 된다는 점이다. 수직적인 인간관계에서 위에 있을 때는 거만하게 행동하고, 아래 있을 때는 비굴하게 행동하게 된다. 말투가 사람에 따라 달라진다는 것은 불평과 불만을 낳을 뿐만 아니라, 사회적 갈등을 심화시키는 원인이 된다.

한편 최현배(1961) 이래로 청자높임법은 높임말과 낮춤말의 대립으로 기술되었지만, 현행 청자높임법 체계에서 예사말(평대)과 높임말(존대)은 있어도 낮춤말(하대)은 없다는 것이 정설이다. 흔히 낮춤말로 기술되는 어휘들은 사실상 낮춤말이 아니라 화자의 언어적 품위와 관련된 속된 표현에 불과하다. 실례로 손아랫사람이나 동료에게 "이거 먹어."라는 말을 했다면 이는 예사말이지 낮춤말이 아니다.

한국어는 예사말을 기준으로 1인칭은 낮추는 쪽으로, 2인칭은 높이는 쪽으로 형성된 청자 중심의 대화형 언어이다. 이는 화자 중심의 서술형 언어인 영어와 뚜렷하게 구별되는 차이점이다. 다만 높임법과 관련하여 "찬물도 위아래가 있다."라는 말이 전통 사회의 패러다임이었다면 오늘날에는 "오는 말이 고와야 가는 말이 곱다."라는 말로 바뀌었다는 것을 알아야 한다.

5. 여성어와 남성 중심의 문화

2003년 유엔개발계획(UNDP)의 조사에 따르면, 여성의 교육 · 재산 · 평균수명 등을 기준으로 산정한 한국의 여성개발지수(GDI)는 전 세계 144개국 중 30위를 차지했지만 여성의 전문직 종사율·소득수준 등을 기준으로 산정한 여성권한지수(GEM)는 78위에 불과한 것으로 나타났다. 아울러 성불평등지수는 2011년 11위(146개국)에서 2012년 27위(148개국)로 뚝 떨어졌다. 이처럼 여성에 대한 차별은 아직까지 한국 사회에서 크게 개선되었다고 말하기 어렵다.

언어에서도 마찬가지다. 20세기 들어와 언어 변화의 주된 원인으로 인종, 지역, 계층, 성별, 연령이 주목을 받기 시작하면서 사회언어학 분야에서 성별언어 연구가 본격화되었는데, 여전히 한국 사회의 가부장적인 남성 중심의 사회구조로 인해 성차별어 문제가 심각한 것으로 드러났다. 아울러 여성에 관한 성차별적 언어를 가리켜 '여성어'라는 용어가 사용되기 시작하였다.

여기에서 '여성어'란 여성들이 사용하는 언어가 아니라 여성과 관련된 언어를 가리키는 말이다. 19세기 말에 시작된 페미니즘 운동을 비롯하여 "어느 집단에도 정치적·사회적으로 불쾌감을 주지 않는 공정한 표현이나 어구"를 뜻하는 '정치적 공정성(political correctness)' 운동으로 인해 여성을 차별하는 어휘는 많이 줄었지만, 여전히 그 수가 적지 않다.

흔히 여성어는 고유명사 앞에 '여-'나 '여류-'를 붙여 만들어지는데 이에 대응하는 남성어는 '남-'이나 '남류-'를 붙이지 않아도 된다. 예컨대 '서울여중'은 있어도 '서울남중'은 없고, '여류작가'는 있어도 '남류작가'는 없다. '여교수, 여검사, 여의사' 등도 마찬가지다. 이와 관련하여 여성의 비율이 상대적으로 적기 때문이라는 해석을 내놓는 사람도 있지만, 충분한 해명으로 보기는 어렵다.

여전히 전근대적인 사고방식에 사로잡혀 있는 사람들 중에는 "여자가"라는 말을 종종 한다. "여자가 아침부터, 여자가 감히, 여자가 겁도 없이, 여자가 어디서" 등이 그 좋은 예이다. 이와 관련하여 최근 한 취업정보 커뮤니티에서 직장인 485명을 대상으로 '성차별 경험'을 조사한 결과, 남성이 가장 많이 듣는 성차별 발언은 "남자가 돼서 그런 일도 못해?"로 조사되었다. 그 다음으로 "무슨 남자가 매너가 없어."(46.8%), "남자가 그리 겁이 많니?"(30.3%), "남자가 엄청 수다스럽네."와 "힘 쓰는 건 남자가 해야지."(15.6%) 등이 있었다. 반면에 여성이 가장 많이 듣는 성차별 발언은 "누굴 꼬시려고 예쁘게 입었어?"로 조사되었다. 그 다음으로 "여자가 쌩얼로 다니냐. 화장 좀 하고 다녀라."(28.5%), "여자는 말이야, 자고로 애교가 있어야 돼."와 "여자가 성공하려고 뭘 그렇게 애쓰니. 집에서 밥하고 아이 돌보면서 살면 되지."(24.6%) 등이 있었다.

6. 우리와 공동체 문화

한국인은 조금 과하다 싶을 정도로 '우리'라는 말을 즐겨 사용한다. "우리 강아지, 우리 학교, 우리나라"는 물론이고 다른 사람과 공유해서는 안 되는 부인이나 남편에게도 "우리 마누라, 우리 남편"이라는 말을 사용하곤 한다. 혼자 사는 사람이 자기 집을 가리켜 "여기가 우리 집이에요."라고 말하는 것을 보면, 한국인에게 '우리'란 한 명이 될 수도 있고, 전 국민이 될 수도 있는 말이다.

'우리'는 한국인의 공동체 의식이 가장 극명하게 반영된 말이다. 이와 관련하여 중앙일보와 연세대 사회발전연구소가 2004년에 실시한 조사에 따르면, 한국 사회의 사회연결망지수는 3.6명으로 나타났다. 이 수치는 무작위로 선택된 두 사람의 연결고리를 찾기 위해 중간에 얼마나 많은 사람이 개입되는지 알아본 것으로, 결론적으로 말해 3명을 거치면 어떤 식으로든지 우리 모두는 서로 연결된다는 말이므로 한국 사회는 인간관계가 꽤 밀착되어 있으며, 비교적 '좁은 세계(small world)'라는 말이 된다.

'우리'를 앞세우는 공동체 의식은 장점도 있지만 단점도 있다. 우선 장점은 정에 기반을 둔 사회를 만들 수 있다는 것이다. 1997년에 국제통화기금(IMF)으로부터 구제금융을 받았을 당시, 전 국민이 자발적으로 '금모으기 운동'에 앞장섰던 일이나 2007년 태안 앞바다 기름유출 사고 이후, 5년 만에 원상회복 선언을 할 수 있었던 것은 자원봉사자 123만 명, 국민 성금 389억 원이 만들어낸 일이다. 집단 결속력도 그만큼 커질 수 있다. 2002년 월드컵 4강의 기적을 일구어낸 것은 시청 앞 광장을 가득 메운 '붉은악마'의 응원을 빼놓을 수 없다.

그런가하면 개성을 존중하지 않는다는 단점도 있다. 우리 속담에 "모난 돌이 정 맞는다."라는 말이 있는데, 여기서 '모'는 집단의 이익에 반하는 개성이나 창의성을 부정적인 관점에서 해석한 것이다. 이렇게 비뚤어진 공동체 의식은 패거리 정치

문화로, 혹은 학연이나 지연, 혈연 등의 연고주의 문화로 나타난다.

이른바 ‘우리주의’는 우리 사회의 근간을 이루는 집단주의 의식을 반영하고 있지만, 그렇다고 우리 사회를 집단주의 사회로만 인식하는 것은 옳지 않다. 집단주의 못지않게 개인주의가 만연해 있어서 때로는 집단주의와 충돌하여 갈등을 일으키고 있기 때문이다. 따라서 오늘날의 한국 사회는 집단주의와 개인주의가 병존하는 사회라고 보아야 할 것이다.

7. 빨리빨리와 냄비 문화

식당에 가면 “빨리빨리”를 외치는 사람이 꼭 있다. 엘리베이터에 타자마자 닫힘 버튼을 누르고, 화장실에 들어가면서 지퍼부터 내리고, 극장에서 엔딩 스크롤이 다 올라가기도 전에 자리에서 일어나고, 3분 라면을 3분이 채 되기도 전에 먹어버리고, 자판기 컵 나오는 곳에 손을 넣고 기다리는 사람도 있다. 그것 때문인지 외국인이 한국에 와서 가장 먼저 배우는 말 중의 하나가 “빨리빨리”이다.

2008년 동아일보가 구글에 의뢰해 경제협력개발기구(OECD) 회원국들을 대상으로 한국인의 대표적인 이미지를 조사한 결과, ‘급한 성격’과 ‘일중독’, ‘친절’, ‘성실’ 등이 꼽혔다. 이와 관련하여 <생각의 탄생>의 저자 로버트 번스타인(Robert R. Bernstein)은 “고도성장을 겪은 한국 기업들이 저성장의 벽에 부딪힌 것은 창조성이 결여된 일 중심의 문화 때문”이라는 지적을 내놓았다.

이처럼 빨리빨리 문화는 단점이 적지 않다. 공사를 빨리빨리 하는 것은 좋지만 그로 인해 부실공사를 피하기 어렵다면, 신제품을 빨리빨리 출시하는 것은 좋지만 그로 인해 기존 제품에 대한 서비스가 엉터리라면 누구에게 득이 되겠는가? 다시 말해 빨리빨리가 대충대충이 된다면 모두에게 불행한 일이 생길 것이다. 아울러 그로 인해 절차와 과정을 무시하고 오직 결과만을 중시하는 풍조가 나타날 수도 있다.

빨리빨리 문화는 “냄비가 빨리 끓고 빨리 식듯이 금세 흥분하다가 금세 다 잊어버리는 한국인의 고질적인 병폐”에 빗대어 냄비 문화라고도 한다. 그런데 외국인의 눈에 비친 빨리빨리 문화는 항상 부정적인 것만은 아니다. 주한미국상공회의소 의장을 지낸 제프리 존스(Jeffrey D. Jones)는 <나는 한국이 두렵다>(2000)라는 책에서 오늘날 한국을 경제대국으로 이끈 원동력이 '빨리빨리'에 있다고 진단한다. NHK 등 외국 언론에서도 한국의 발전상을 다룰 때, 약속이라도 한 듯이 '빨리빨리'를 언급한다. 그만큼 빨리빨리 문화는 장점도 적지 않다.

지금까지 한국어와 한국 문화의 관계를 살펴보았다. 한 나라의 과거를 알기 위해서는 박물관에 가야 하고, 현재를 알기 위해서는 시장에 가야 하고, 미래를 알기 위해서는 도서관에 가야 한다는 말이 있다. 이는 한국인의 삶 속에서 한국의 과거와 현재, 미래를 보라는 말이 된다. 한국인의 삶은 때로는 유물을 통해, 때로는 상품을 통해, 때로는 책을 통해 엿볼 수 있는데, 한국어를 통해서도 한국과 한국인을 이해할 수 있다. 한국어 안에 한국인의 정신이 깃들어 있고, 문화가 살아 숨쉬기 때문이다.

■ **토의거리** ■

1. "문 닫고 들어와."라는 말은 비논리적이다. 들어와야 문을 닫을 수 있지, 문을 닫으면 들어올 수 없기 때문이다. 그렇다면 왜 이렇게 말을 할까?
2. "우리가 남이가?"라는 말 속에는 한국인의 어떤 심리가 담겨 있을까?

■ **읽을거리** ■

국립국어연구원 편. 1991. 우리말의 예절. 조선일보사.
권삼윤. 2001. 신동아 2001년 9월호. 동아일보사.
김진우. 1985. 언어. 탑출판사.
서정수. 1993. "말과 생각의 관계". 우리말 우리글. 한양대학교출판부.
이기문 외. 1990. 한국어의 발전 방향. 민음사.
이원복. 2002. 먼나라 이웃나라-우리나라 편. 김영사.
정주리. 1994. 생각하는 국어. 도솔.
제프리 존스. 2000. 나는 한국이 두렵다. 중앙 M&B.
최기호 외. 1985. 국어학서설. 정음사.
황병순. 1996. 말을 알면 문화가 보인다. 태학사.

제06장

신문 언어로 사회 들여다보기

신문은 사회의 축소판이다. 매일 어떤 일이 일어났는지 빠르게 알려준다. 사람들은 신문을 통해 그날그날 일어난 일들을 알게 되고, 그 일에 대한 해석에 동참한다. 언어철학자 마틴 하이데거(Martin Heidegger)가 언어를 '존재의 집'이라고 정의했듯, 신문의 언어는 그 사회의 존재 의미를 형성하는 데 중요한 역할을 한다. 결국은 우리 모두 언어를 통해 세상을 바라보기 때문이다.

신문의 언어는 그 표현을 어떻게 하느냐에 따라 사회 전체에 미치는 파급 효과가 매우 크다. 한 사회의 이데올로기를 주도적으로 이끌어갈 수 있는 영향력을 갖고 있기 때문이다. 그런데 신문 언어는 두 얼굴을 가지고 있다. 한편으로는 시간과 시간, 공간과 공간, 사고와 사고의 교량으로서 사람들을 하나로 묶어주는 역할을 한다. 생각이나 느낌의 공시적인 교류, 통시적인 계승 및 발전의 매개체가 되는 것이다. 그런가 하면 다른 한편으로는 흥미 위주의 자극적이고 선정적인 기사로, 또는 근거가 없는 기사로, 어느 한쪽의 주장을 일방적으로 소개하는 기사로 국민을 호도하기도 한다. 즉, 파수견(watchdog)도 아니고 안내견(guide dog)도 아니고 애완견(pet dog)을 자처하는 것이다. 파수견이 힘을 가진 사람을 감시하고 견제하는 비판자의 역할이고, 안내견이 단순히 객관적인 정보를 알려주는 전달자의 역할이라면, 애완견은 힘을 가진 사람에게 기생하는 역할이다.

우리가 사는 이 세상은 언어로 가득 채워져 있다. 그것은 마치 공기와도 같다. 그래서 그런지 언어를 의식하며 사용하는 사람들은 많지 않다. 언어로 표현된 세상의 가치를 따지고, 그 의미를 해석하기보다는 무심코 흘려듣는다. 인간 사회의 수

많은 오해와 갈등이 모두 언어로부터 시작됨에도 불구하고 그러한 사실을 깨닫지 못하고 있는 것이다. 그것이 곧 우리 사회의 현실이고, 우리의 현실인데도 말이다. 따라서 이 장에서는 신문 언어를 바르게 이해하기 위해 무엇을 경계하고 무엇을 추구해야 하는지 논의하고자 한다.

1. 외연적 사고와 내포적 사고

사고의 방식은 대상 그 자체에 관심을 갖느냐, 아니면 대상에 대한 감정에 관심을 갖느냐에 따라 외연적(extensional) 사고와 내포적(intensional) 사고로 나눌 수 있다. 외연적 사고는 밖으로 나가는 것이고, 내포적 사고는 안으로 들어가는 것이다. 의미로 보면 전자는 객관적인 의미에 초점을 맞추는 것이고, 후자는 주관적인 의미에 초점을 맞추는 것이다. 쉽게 말해 차를 구입하려고 하는데, 차의 성능이나 디자인, 가격을 따지는 사람은 외연적인 사고에 근거한 것이고, 차에 대한 개인적인 선호도나 사람들의 인식을 따지는 사람은 내포적인 사고에 근거한 것이다.

기본적으로 외연적 사고와 내포적 사고는 표현 방식도 다르다. 전자는 사실을 설명하는 형식을 취하지만, 후자는 사실을 추론하는 형식을 취한다. 따라서 대상에 접근할 때, 그 외연을 충분히 검토하지 않고 내포적인 의미에만 기대어 말한다면 진실에 가까이 다가갈 수 없다. 예를 들어 "대학생 리포트 표절이 심각한 수준에 이르렀다."라는 주장을 펴기 위해서는 객관적인 근거가 뒷받침되어야 한다. 근거가 없는 주장이거나 한두 가지 부분적인 사례를 들어 전체를 일반화하는 주장은 내포적 사고에 근거한 행위이다.

따라서 편견이나 선입견을 버리고, 객관성을 유지하기 위해 노력해야 한다. 가령 "100명의 대학생을 대상으로 설문조사를 실시한 결과, 응답자 중 67명이 리포트 공유 사이트에서 리포트를 내려 받은 경험이 있다."라는 주장은 객관적인 근거가 제시되어 있으므로 신뢰할 수 있지만 "요즘 대학생들은 리포트를 제대로 쓸 줄 모른다."라는 주장은 외연을 충분히 검토한 것으로 보기 어렵다.

일반적으로 내포적 사고는 사실을 있는 그대로 판단하지 않고, 자신의 머릿속에 있는 관념에 따라 판단하는 경향이 있다. 예를 들어 사람을 평가할 때, 모든 사람이 그를 훌륭한 사람이라고 평가하더라도 개인적인 느낌이나 경험에 매몰되어 형편없는 사람이라는 주장을 할 수도 있다. 즉, 내포적 사고는 편견이나 선입견으로부터 자유로울 수 없는 것이다. 이 점이 객관적인 판단의 기준을 적용하는 외연적 사고와 다르다.

이와 관련하여 신문기사의 경우 객관적인 연구 결과물이 아니라 취재를 통해 얻은 사실의 나열이라는 점에서 종종 내포적 사고의 함정에 빠지는 경우가 있다. 동일한 현상을 놓고도 진보 신문과 보수 신문의 논점이 다른 것은 그 때문이다. 따라서 신문기사를 읽을 때는 그것이 외연적 사고에 근거한 것인지 혹은 내포적 사고에 근거한 것인지 따져봐야 한다. 그래야 신문을 속지 않고 읽을 수 있다.

2. 설명의 언어와 추론의 언어

설명의 언어는 외연적 사고에 근거하고, 추론의 언어는 내포적 사고에 근거한다. 전자는 앎의 수준이 피상적 수준에 머무를 경우 문제가 될 수 있고, 후자는 객관적인 사실보다 주관적인 감정에 초점이 맞춰질 경우 문제가 될 수 있다. 특히 추론의 경우, 확인된 것 이상을 긍정적으로 평가함으로써 부분을 전체로 일반화하는 오류를 범하기 쉽다. 즉, 각각의 사실이 포함하고 있는 차이를 간과하거나 무시함으로써 부분을 한데 묶어 전체로서 거칠게 처리하는 것이다.

흔히 경험의 양과 질이 절대적으로 부족함에도 불구하고 경험을 확대해석하는 확인 편향적(confirmation bias) 사고를 가리켜 '일반화'라고 하는데, 이는 이미 경험한 것에 근거하여 아직 경험해보지 못한 것까지 평가의 영역으로 끌어들이는 것이므로 그 과정에 오류가 발생할 수밖에 없다. 실례로 "실력이 아무리 뛰어나도 여자교사가 남학생의 특성과 고민을 다 이해하긴 힘들 것이다."(한국경제, 2007.4.9.)라는 기사나 "버릇없는 학생들이 늘면서 학교의 생활 지도는 한계에 달하고 있다. 교내 폭력·왕따·도난 사고 등은 여교사들이 감당하기 어려운 점이 많다."(중앙일보, 2007.4.12.)라는 기사를 보면 남녀의 역할에 대한 선입견이나 편견을 엿볼 수 있다.

하지만 추론을 하지 않고 살 수는 없다. 인지적 부담(cognitive load)를 최소화하기 위해서라도 추론이 필요하고, 추론을 통해 상황대처능력을 극대화할 수 있다. 따라서 신문을 읽을 때, 설명의 언어와 추론의 언어를 정확하게 구분해야 한다. 이와 관련하여 곽영철(1994)은 다음 예문을 들어 설명의 언어와 추론의 언어를 구분한다.

(1) 영희 부부는 목수 A를 고용해서 하루 종일 집 수선을 했다. A가 5시에 돌아갔으므로 부부는 뒷정리와 문단속을 하고 일찍 쉬었다. 다음 날 아침 일어나 보니 응접실 창문이 열려 있고 옆방 장롱에 넣어둔 100만원이 없어져 버렸다. 파출소에 신고해 경찰에게 조사를 부탁한 바 응접실 창문에 4, 5일 동안 마을에서 도둑질한 강도 X의 지문이 발견되었다.

예문 (1)의 영희 부부에게 일어난 절도 사건을 4개의 신문사에서 다음과 같은 표제를 사용하여 기사화하였다고 가정할 때, 어떤 것이 설명의 언어이고, 어떤 것이 추론의 언어인지 구분할 수 있겠는가?

(2) ㄱ. X가 100만원을 훔치다.
ㄴ. 100만원을 도둑맞다.
ㄷ. X의 지문을 발견하다.
ㄹ. 범인은 A인가, X인가?

예문 (2ㄱ)은 설명의 언어처럼 보이지만 목수 A에게도 혐의가 있으므로 X를 범인으로 보는 것은 추론이다. 예문 (2ㄴ)도 설명의 언어처럼 보이지만 영희 부부가 실제로 돈을 잃어버렸는지 확인할 길이 없으므로 추론이다. 예문 (2ㄷ)은 지문 검출 과정에 잘못이 없는 한 사실이므로 설명의 언어로 볼 수 있다. 예문 (2ㄹ)은 언어 표현 자체가 추론의 형식을 취하고 있으므로 명백한 추론이다.

사건이 발생하고 2, 3일이 지난 후, 영희의 집 앞에 목수가 타고 다니던 A 자전거가 서 있었다. 그것을 본 4명의 아이들이 다음과 같이 말하였다. 어떤 것이 설명의 언어이고, 어떤 것이 추론의 언어인지 구분할 수 있겠는가?

(3) ㄱ. 영희 아줌마 집 앞에 A의 자전거가 있어요.
ㄴ. A가 또 왔어요.
ㄷ. 수선을 다시 하고 있는 것일까?
ㄹ. 그동안 일한 대가를 받으러 온 것일 거야.

예문 (3ㄱ)에서 아이의 말은 설명의 언어처럼 보이지만, 그 자전거를 한동안 A가 타고 다녔지만 그것을 다른 사람에게 빌린 것이거나 빌려주었을 가능성이 있으므로 추론이다. 예문 (3ㄴ)에서 아이의 말은 A가 타고 다니던 자전거가 영희의 집 앞에 세워져 있다고 해서 A가 그곳에 있다고 보는 것은 추론일 뿐이다. 예문 (3ㄷ)과 예문 (3ㄹ) 또한 사실이 아니라 추론으로 볼 수밖에 없다.

이처럼 어떤 것이 설명의 언어이고, 어떤 것이 추론의 언어인지 비교하여 따져보면 이제까지 우리가 얼마나 자주 추론을 사실로 착각하고 살았는지 알 수 있을 것이다. 추론의 언어가 설명의 언어처럼 사용된 사례는 의외로 많다. 다음 예문을 살펴보자.

(4) 독일 차는 럭셔리의 상징이다. / 한국 영화가 전성기를 활짝 열었다. / 컴퓨터가 인간의 좌뇌를 대체하게 될 것이다. / 전문가들은 불황에 미니스커트가 많이 팔리는 것과 같은 맥락으로 보고 있다. / 정년 62세 보장되는 사무직. 대한민국 국민이 원하는 일자리의 전형이다.

예문 (4)는 구체적인 통계 수치가 없다면 함부로 단정 지을 수 없는 주장인데, 진술의 형태는 설명의 방식을 취하고 있다. 더욱이 대부분의 사람들은 이 주장에 동의할 것이다. 그러나 이런 식의 오해로 인해 우리의 논리적인 판단 능력은 떨어지게 될 것이다. 그런가 하면 자신의 생각에 대해서는 확신이 부족하다.

(5) 오늘 날씨가 참 좋은 것 같아요. / 대학생이 되니 참 힘든 것 같아요. / 이 수업이 좋을 것 같아요. / 저 남자 참 잘 생긴 것 같아요.

예문 (5)의 표현들은 자신의 판단에만 의존한 것이므로 설명의 언어로 표현되어야 한다. 물론 자신의 감정을 자기도 알 수 없는 모호한 경우도 있겠지만 위의 경우라면 단정적인 판단이 가능하다. 요즘 위와 같은 표현들이 많이 쓰이는 것은 자신의 생각에 대한 일종의 자기 방어 기제로 볼 수 있다.

설명의 언어는 '~하다, ~이다' 등의 단정적인 형태를 취한다. 반면에 추론의 언어는 '~듯하다, ~로 예상된다, ~라고 생각한다, ~일 거야, ~로 보인다.' 등의 서술어나 '내가 경험한 바로는' 등의 한정 표지를 사용한다. 따라서 신문기사를 읽을 때는 그 내용가 설명의 언어로 표현되었는지 추론의 언어로 표현되었는지 판단하는 절차가 필요하다. 이러한 과정을 통해 진실이 왜곡되는 일을 막을 수 있을 것이다.

3. 사실성과 진실성

최소한의 공동체 의식을 가지고 있는 사회 구성원이라면 자신이 속한 사회에서 어떤 일이 일어났는지, 일어나고 있는지, 일어날 것인지 관심을 가져야 한다. 그러한 사실을 발견하고 확인하기 위해 누가, 무엇을 했는지 끊임없이 묻고 체험해야 한다. 아무것도 모른 채, 더 알려고 하지도 않고, 그저 뒤에서 넋두리나 늘어놓는 것으로 가슴이 후련해지는 것을 느낀다면, 당신은 사리 분별을 못하는 사람이 틀림없다.

추론과 사실을 정확하게 구분할 수만 있다면, 비로소 고정관념과 편견을 깨고 진실과 마주할 수 있을 것이다. 홍성호(2000:410)는 "사실과 진실의 추구는 뉴스 작성의 기본 정신이지만 동시에 영원한 딜레마이기도 하다. 사실은 그 자체로 시공을 통해 변하지 않는다. 진실은 사실이 놓여있는 사회적 상황(context)을 종합적으로 감안해야 파악된다. 그래서 '사실'은 분명하고 단순하지만 '진실'은 보다 심층적이고 해석적이다."라고 하였다. 실례로 1997년에 발생한 '서해 페리호' 사건의 경우, 처음에는 백두운 선장이 혼자서 탈출한 것으로 알려졌다. 언론에서는 그를 '비열한 인간'으로 묘사했다. 하지만 얼마 지나지 않아 그가 마지막 순간까지 배에 남아 살신성인한 '영웅'이라는 진실이 밝혀졌다.

오늘날 대중매체 언어는 디지털 환경에 맞게 새로운 변화를 시도하고 있다. 뉴욕 타임스 최초의 여성 편집인 질 에이브럼슨(Jill Abramson)은 '강설(Snowfall)'이라는 제목의 기사를 17,000여 자에 이르는 만연체 내러티브 형태로 동영상과 그래픽 등 다양한 멀티미디어를 이용하여 작성하였다.

정치학자인 위르겐 웨스터슈탈(Jörgen Westerståhl)은 언론의 객관성을 판단하는 기준으로 '사실성'과 '불편부당성'의 중요성을 강조한다. 그런데 요즘 신문기사를 보면 사실성과 진실성을 구분하기가 매우 어렵다. 뉴스의 연성화가 가속화되면서 대중을 현혹하는 감상적인 어조가 자주 목격된다. 소셜미디어의 발달로 정보전달의 속도는 크게 줄었으나 정확도는 떨어지고 있는 것이다. 다음 예문을 살펴보자.

(6) ㄱ. 로봇 의사 등장 각종 수술 척척
ㄴ. 24시간 현금 서비스
ㄷ. 문자 보내다 병 걸렸네!
ㄹ. 건조과정에서 가장 신경 써야 하는 것은 온도와 습도를 재는 일이다.

예문 (6ㄱ)은 로봇을 이용하여 모든 수술을 할 수 있는 것이 아니므로 '각종 수술'이라고 말한 것은 사실과 다르다. 또한 예문 (6ㄴ)은 은행 자동화기기(ATM) 서비스가 대부분 오전 8시부터 오후 10시까지 제공하는 곳이 많기 때문에 사실과 다르고, 예문 (6ㄷ)은 "문자를 보내면 병에 걸린다."라는 해석이 가능하므로 사실과 다르고, 예문 (6ㄹ)은 단지 온도와 습도를 재는 일이 중요한 것이 아니라 적정 온도와 습도를 유지하는 일이 중요하기 때문에 잘못된 표현이다.

신문기사는 비교적 빠른 템포로 진행한다. 따라서 구성이 매우 단순하다. 전체 기사를 짧게 정리한 리드와 본문으로만 구성되어 있다. 감정을 드러내는 형용사와 부사의 사용을 자제한다. 감정을 드러낸다는 것은 이해가 상반되는 현상이나 사건에 대해 중립을 지키지 못했음을 의미하기 때문이다.

(7) 연대 짜릿한 역전승 3:2 / 고대 분패

예문 (7)은 동일한 사건을 두고 표현을 달리 한 것으로, 기자의 주관이 다분히 개입된 표현이라고 할 수 있다. 이와 관련하여 김봉순(1999)은 다음 두 문장을 비교하여 글쓴이의 주관이 어떤 식으로 개입되는지 설명하였다.

(8) 한국아이스하키가 북한을 제압, 동메달을 추가했다. 한국 팀은 13일 쓰키사무 실내 링크서 벌어진 제2회 동계 아시안게임 아이스하키 최종경기서 북한을 6대 5로 제치고 1승 2패를 마크, 일본 중국에 이어 3위에 입상했다. 당초 열세가 예상됐던 한국 팀은 이날 필승의 정신력으로 똘똘 뭉쳐 초반부터 파상적인 공격을 펴던 중 3분쯤 첫 골을 성공시키며 기세를 높였다. (1990.3.14. 조선일보)

(9) 아이스하키 남북대결에서 한국이 예상을 뒤엎고 6대 5로 승리, 동계 아시아경기 동메달을 획득했다. 한국 팀은 13일 삿포로 쓰키사무 실내 링크에서 열린 북한 팀과의 경기에서 초반 수비 치중에 기습공격 작전이 적중하면서 승세를 타기 시작, 한 차례의 동점도 허용하지 않고 경기를 끝냈다. 한국 팀은 이로써 북한 팀과의 대표대결에서 3승 1패로 앞섰다. (1990.3.14. 동아일보)

예문 (8)과 (9)를 보면, 동일한 사건을 놓고 기자의 관점이 조금 다르다는 것을 알 수 있다. 예를 들어 '제압하다 ↔ 예상을 뒤엎고 승리하다, 동메달을 추가하다 ↔ 동메달을 획득하다, 파상적인 공격 ↔ 수비 치중에 기습공격, 필승의 정신력으로 똘똘 뭉치다 ↔ 작전이 성공하다' 등에서 인식과 표현의 차이가 나타난다. 예문 (8)에서는 한국 팀에 대해서는 우호적이고, 북한 팀에 대해서는 적대적인 관점이 드러나지만, 예문 (9)에서는 그렇지 않다. 이 기사를 접한 독자는 이 경기를 매우 다르게 해석할 것이고, 더 나아가 북한에 대한 이미지도 다르게 형성될 것이다.

우리 옛말에 '아' 다르고 '어' 다르다는 말이 있다. 또 "님이라는 글자에 점 하나를 찍으면 도로 남이 되는 장난 같은 인생사"라는 노래 가사도 있다. 이는 어떤 어휘를 사용하느냐에 따라 어감의 차이와 의미의 차이를 가져온다는 것을 강조한 말이다. 그만큼 신중하게 어휘를 선택해야 한다.

(10) ㄱ. 현대는 정말 북한에 4억 달러를 비밀리에 주었을까
ㄴ. 현대는 왜 북한에 4억 달러를 비밀리에 주었을까

예문 (10)은 동일 사건을 놓고 기사의 표제어를 다르게 선택한 것이다. 이 중에 (10ㄴ)은 현대가 북한에 4억 달러를 비밀리에 주었다는 것을 기정사실화 한다. 표현상으로는 (10ㄱ)과 큰 차이가 없지만 그 말뜻은 180도 다르다.

본질적으로 언어란 자신과 세계의 실재를 그대로 담아낼 수 있는 것이 아니라 단지 표상을 담아낼 뿐이다. 즉, 서술 대상의 본질과 사실을 곧이곧대로 드러낼 수 있는 매개체는 아니다. 그렇다면 독자의 입장에서도 역시 그러한 점을 십분 고려하며 이해하는 것이 최선일 것이다.

4. 언어와 이데올로기

현대인은 다양한 매체를 통해 세상을 간접적으로 경험하며 살아간다. 직접 경험을 통해 얻을 수 있는 지식에는 한계가 있기 때문이다. 이 과정에서 한 가지 주의할 점이 있다. 그것은 바로 매체 언어에 담겨 있는 이데올로기를 경계해야 한다는 것이다. 이데올로기란 어떤 집단이나 그 집단에 속한 개인이 역사 또는 사회의 현상이나 조건에 제약을 받거나 영향을 받아서 가지게 되는 일정한 의식이나 사고방식, 또는 지배 집단이 피지배 집단을 이끌어 가기 위해 정치적 · 사회적으로 내세우거나 침투시키려고 하는 이념이나 사상을 뜻하는 말이다. 대중매체에서는 의식적이든지 무의식적이든지 그러한 의도가 드러나곤 한다. 가령 다음과 같은 것들이 그 좋은 예이다.

(11) ㄱ. 해킹 놀이터 된 기업전산망 '害커'
ㄴ. 출근하니 커피·카피·코피… 우리는 인턴 아닌 '忍턴'
ㄷ. 한가위 아닌 '恨가위' 급식
ㄹ. 弗難집

예문 (11)을 보면 기자의 인식이나 가치관을 엿볼 수 있다. '해커'를 '害커'라고 하고, '인턴'을 '忍턴'이라고 하고, '한가위'를 '恨가위'라고 하는 것은 재치 있는 표현이긴 하지만, 특정 현상의 한쪽 면만을 지나치게 강조하는 표현이므로 객관적인 사실을 전달하는 어휘로는 보기 어렵다. 특히 '弗難집'은 1997년 말 외환위기 이후 '달러가 부족해 고통을 겪고 있던 우리나라의 상황'을 비유적으로 잘 표현하고 있는데, 이런 식의 언어유희로는 문제의 실체에 제대로 다가가기 어렵다.

특히 정치, 경제, 사회 뉴스를 다룰 때는 이데올로기가 더욱 크게 부각될 수 있다. 그만큼 이해가 첨예하기 대립하기 때문이다. 실례로 홍성호(2000)에 따르면 1998년 3월 권영해 전 안기부장의 할복 사건을 다룰 때, '자살기도'라는 어휘를 사용한 기자가 있는가 하면 '자해'라는 어휘를 사용한 기자도 있다. '자살'은 극단적이고 보다 자극적인 의미와 함께 동정심을 유발할 수 있지만, '자해'는 부정적인 이미지를 나타낸다. 단순한 사실 보도를 넘어 '의도된 시각'이 개입되었다고 볼 수도 있다.

기업의 탈세, 탈법 등의 뉴스를 '도덕적 해이' 또는 '부당 내부 거래'로 표현한다든지, 사회적 의미가 부정적으로 형성된 '재벌'이라는 말 대신에 '대규모 기업 집단'이라는 말을 사용하는 것 등은 재벌의 부정부패를 은폐하려는 의도에서 비롯된 것으로 볼 수 있다. 이는 다음 예문에서도 쉽게 확인할 수 있다.

(12) ㄱ. …근로자나 사용자 어느 쪽도 손실을 줄일 수 있도록 모든 노력을 기울여야 할 것이다.
ㄴ. …납득시키는 노력을 배가해야 한다.
ㄷ. …를 묻지 않을 수 없는 심정이다.
ㄹ. 경영자 측은 요구를 적극 수용하는 아량을 지녀야 할 것이다.

예문 (12)는 구체적인 주어를 겉으로 드러내지 않으면서 당부 또는 촉구의 표현을 사용하고 있다. 이는 궁극적으로 그 주체와 현실의 관계를 모호하게 만듦으로써 희석시키거나 위장하려는 이데올로기적 배경에서 비롯된 것으로 볼 수 있다.

(13) ㄱ. …철저한 수사가 이루어지기를 바랄 뿐이다.

ㄴ. 이 대표의 사퇴가 이뤄질 경우 최대의 피해자는…

ㄷ. …정부의 5·17 조처는 심상찮은 북괴의 동태와 전국적으로 확대된 소요사태를 감안한 것으로 풀이되며, 나아가서 이를 계기로 국가안보적 차원에서 부정부패와 사회불안을 다스리려고 결심한 것으로 관측된다.

예문 (13)은 행동 주체가 불분명한 피동형 문장이다. <피동형 기자들>의 저자 김지영에 따르면 피동형 문장은 1980년대 신군부의 언론검열을 피할 목적으로 처음 도입되었지만, 이후 언론이 권력에 편승하여 당파성이나 지역성에 얽매인 이해관계를 숨기려 들 때, 책임을 회피할 목적으로 널리 사용되었다고 주장한다.

오늘날 우리 사회는 너무 빠르고 복잡하게 변화하고 있다. 그 변화의 흐름을 제대로 따라오지 못하는 사람들, 이른바 소외 계층들은 불신과 무력감에 사로잡혀 있다. 이것 아니면 저것이라는 식으로 이분법적 사고가 판을 치고 있다. 이러한 상황에서 직시정론을 편다는 것이 말처럼 쉬운 일이 아닐 것이다. 말이 서야 나라가 선다는 말이 있다. 대중매체의 언어가 바로 서야 국민의 사고력과 판단력이 바르게 설 수 있다.

■ 토의거리 ■

1. 동일한 뉴스를 다루고 있는 2개의 신문기사를 놓고, 인식 및 표현에서 어떤 차이가 나타나는지 살펴보자.
2. 신문기사에 주로 사용되는 어휘의 특징을 살펴보자.

■ 읽을거리 ■

곽영철 옮김. 1994. 언어와 인간(모리오카 켄지. 1970). 한양대학교출판부.
김봉순. 1999. 신문기사에 반영된 필자의 주관성. 텍스트언어학. 텍스트언어학회.
서정수. 1993. 우리말과 내포적 사고. 1993.1.15. 한겨레신문사.
손석춘. 1997. 신문 읽기의 혁명. 개마고원.
홍성호. 2000. 교열 리포트. 커뮤니케이션북스.

제07장

방송 언어로 사회 들여다보기

방송은 전파라는 공공재를 사용하는 국민의 공동자산으로서 그 사회적 영향력을 결코 가볍게 볼 수 없다. 방송 언어의 공공성을 강조하는 까닭은 바로 이러한 이유 때문이다. 방송의 사회적 영향력은 방송 언어에도 그대로 적용된다. 이와 관련하여 국어교육자인 민현식(1999:48~49)은 방송의 영향력은 대통령보다 더 크며, 현대인의 사고와 행동 양식을 결정할 만큼 중요하다고 강조한다.

요즘도 아이들이 "텔레비전에 내가 나왔으면 정말 좋겠네!"라고 목청 높여 노래하는지 모르지만, 연예인에게 '조공'이라는 것을 바치고, 특정 연예인을 '~느님'이라고 부르는 것을 보면 어떤 교육자의 가르침보다 혹은 어떤 성직자의 설교보다 방송의 영향력이 더 크다는 것을 알 수 있을 것이다. 실제로 유명 연예인이 출연하는 예능 프로그램의 영향력은 상상을 초월한다고 할 수 있다.

80~90년대에는 아이들이 '영구'나 '맹구'를 흉내 내는 것을 우려하는 목소리가 높았다. 하지만 그것은 방송 언어의 보이지 않는 영향력에 비하면 결코 아무것도 아니다. 방송 언어의 진짜 문제점은 언어 규범을 제대로 지키지 않는 데 있는 것이 아니라, 그 속에 담겨 있는 사고방식에 있다. 차별을 정당화하고, 부패를 정당화하고, 편견을 정당화하는 말의 홍수가 더 큰 문제이다. 사실에 바탕을 둔 정보를 중립적으로 전달해야 함에도 불구하고, 진실을 보려는 눈을 감아버리는 것이 문제인 것이다.

실례로 방송 프로그램의 제목을 놓고 보면 '스포츠 하이라이트, 서바이벌 오디션, 원더풀 라이프, 연예플러스, 뉴스투데이, 모닝와이드, 뉴스타임, 이브닝 뉴스,

생방송 투데이, 뉴스라인, 나이트라인' 등 외래어와 외국어 일색이다. 이는 부지불식간에 영어가 한국어보다 좀 더 세련된 표현이라는 인식을 심어주기에 충분하다. 따라서 시청자에게 요구되는 최고의 덕목은 비판적인 안목이다. 방송 언어가 바로 서야 우리 아이들이 바로 설 수 있다는 인식의 전환이 필요한 것이다.

1. 방송 언어의 현주소

방송 언어란 좁은 의미로 '방송인'의 언어를 뜻하지만, 넓은 의미로는 방송에서 사용하는 '모든 언어'를 뜻하는 말이다. 여기에서 방송인이란 방송 전문가뿐만 아니라 출연자까지 아우르는 개념이며, 모든 언어란 음성언어와 문자언어, 동작언어까지 포함한다. 이와 관련하여 방송위원회의 '방송심의에 관한 규정' 제2장 일반기준 제8절 방송언어 제51조(방송언어)를 보면 다음과 같다.

(1) 방송은 바른말을 사용하여 국민의 바른 언어생활에 이바지하여야 한다.
(2) 방송 언어는 원칙적으로 표준어를 사용하여야 한다. 특히 고정 진행자는 표준어를 사용하여야 한다.
(3) 방송은 바른 언어생활을 해치는 억양, 어조 및 비속어, 은어, 유행어, 조어, 반말 등을 사용하여서는 아니 된다.

이 외에도 글말이 아닌 입말을 사용해야 하며, 반말이 아닌 높임말, 어려운 말이 아닌 쉬운 말(순화어 포함), 사적인 말이 아닌 공적인 말을 사용해야 한다. 또한 생명존중, 품위유지, 건전한 생활, 사회통합, 양성평등, 문화적 다양성, 신앙의 자유 등에 관한 윤리적 가치도 존중해야 한다. 방송 언어에 이러한 제약이 따르는 이유는 방송이 다양한 계층에 속한 불특정 다수의 시청자를 대상으로 하기 때문이다. 이와 관련하여 방송위원회의 '방송심의에 관한 규정' 제2장 일반기준 제4절 윤리적 수준 제27조(품위유지)를 보면 다음과 같다.

(4) 방송은 품위를 유지하여야 하며, 시청자에게 예의를 지켜야 한다.
(5) 방송은 저속한 표현 등으로 시청자에게 혐오감을 주어서는 아니 된다.

그런데 방송 언어에 대한 이해가 부족한 사람들이 방송에 적극적으로 참여하면서부터 방송 언어의 파괴가 빠르게 진행되고 있다. 실제로 일부 오락 프로그램에서는 특정 방송인을 중심으로 거친 말, 미운 말을 남발하는 캐릭터를 만들어내는가 하면, 전문 진행자가 개그맨 못지않은 유머 코드를 활용하는 경우도 날로 증가하고 있는 추세이다. 여기에는 자막도 한몫하고 있다. 단순히 출연자의 말을 글로 보여주는 것이 아니라, 온갖 유행어를 동원하여 웃음을 이끌어내는 요소로 사용하고 있다. 이 과정에서 품위유지의 기준마저 지키지 않는 경우가 많다.

음가의 혼란

음성이 주가 되는 방송 언어에서 표준발음법을 구사하는 일만큼 중요한 것은 없다. 잡초가 논밭을 망치듯, 잘못된 말소리가 말밭을 망치기 때문이다. 곡식이 병에 걸리면 정상적인 수확을 기대하기 어렵듯, 말소리가 병에 걸리면 정상적인 의사소통을 기대하기 어렵다. 더욱이 한 번 병에 걸린 말소리는 습관으로 고착되기 때문에 고질병처럼 쉽게 고칠 수도 없다. 병에 걸리는 것을 피하기 위해 예방주사를 맞듯, 건강한 말소리를 지키기 위해서는 표준발음법을 공부하는 것이 최선이다.

만약에 무지 또는 무관심으로 인해 말소리에 병이 생긴다면, 그것도 방송 언어에서 그런 일이 생긴다면 어떻게 될까? 아마도 대부분의 시청자들은 무엇이 잘못되었는지 전혀 의식도 하지 못한 채, 너나없이 그 잘못을 그대로 따라할 것이다. 그것은 명백한 직무유기이다. 그 예를 살펴보면 다음과 같다.

첫째, 장음과 단음의 혼란으로 인해 장음이 단음으로 바뀌고 있다. 그 대표적인 예로 '시장(市長)'이나 '시장(市場)'은 "배가 고픈 상태"를 나타내는 '시장'과 달리 장음인데도 불구하고 단음으로 발음하는 일이 많다. 영원(永遠)이나 임금(賃金), 퇴직, 하락, 화재(火災), 효과 등도 마찬가지다.

둘째, 자음동화의 혼란으로 인해 받침소리를 바르게 발음하지 못한다. 그 대표적인 예로 '한국'을 [항국]으로, '연말'을 [염말]로, '전기'를 [정기]로, '엇그제'를 [억그제]로, '솥걸이'를 [속걸이]로, '젓꼭지'를 [적꼭지]로, '삼키다'를 [상키다]로 발음한다. 이 외에도 겹받침 소리를 바르게 발음하지 못하는 경우도 많다. 그 대표적인 예로 '짧습니다'를 [짭습니다]처럼 발음한다.

셋째, 경음화와 격음화가 심화되고 있다. '소주'를 [쏘주]로, '사랑'을 [싸랑]으로 발음하는 것은 애교로 봐줄 수 있지만, '문득'을 [문뜩]으로, '가득'을 [가뜩]으로, '진하다'를 [찐하다]로, '곧장'을 [꼳장]으로, '효과'를 [효꽈]로 발음하는 경음화 현상이나 '나침반'을 [나침판]으로, '폭발'을 [폭팔]로 발음하는 격음화 현상이 갈수록 증가하고 있다.

넷째, 불규칙적인 음운탈락 현상이 나타난다. 그 대표적인 예로 '전화'를 [저나]로, '보실까요'를 [보시까요]로, '상황'을 [상왕]으로 발음한다. 이와 반대로 '하려고'를 [할려고]로, '가려고'를 [갈려고]처럼 음운을 첨가하는 경우도 있다.

다섯째, 모음조화 파괴 현상이 나타난다. 그 대표적인 예로 '앉아'를 '앉어[안저]'로, '막아'를 '막어[마거]'로, '받아'를 '받어[바더]'로 발음한다.

여섯째, 한자어에서 단모음을 이중모음으로, 이중모음을 단모음으로 발음하는 현상이 나타난다. 그 대표적인 예로 '역할(役割)'을 [역활]로, '갹출(醵出)'을 [각출]로 발음한다.

어미 활용의 혼란

'잠그다'는 '잠가, 잠그면, 잠그니' 등으로 활용하는데, 방송을 보면 "문을 꼭 잠궈."라고 말하는 사람들이 있다. "어제 김치를 담궜어."라고 말하는 사람도 '담그다'의 활용형이 '담궈'가 아니라 '담가'라는 사실을 모르고 있는 것으로 볼 수 있다. 이런 사례는 얼마든지 찾을 수 있다.

'날다(飛)'는 '나니, 나는, 날면, 날고' 등으로 활용하는데, 방송을 보면 '날으니, 날으는, 날으면' 등으로 활용하는 사람들이 있다. 즉, '나는 원더우먼'이 올바른 표현인데, '날으는 원더우먼'으로 표현하는 것이다. 아마도 '나는 원더우먼'이라고 하면 "내가 원더우먼이다."라는 말과 구별하기 어렵기 때문인지도 모른다. '개다'는 '개니, 개면, 개고, 갠'으로 활용하는데, 방송을 보면 '개이니, 개이면, 개이고, 개인'처럼 활용하는 사람들이 있다. 그 결과 푸치니의 가극 '나비부인' 중에서 '어떤 갠 날'이 '어떤 개인 날'로 둔갑하기도 한다.

용언의 활용형 외에도 "판을 벌인다."라고 할 때의 '벌이다'와 "간격을 벌린다."라고 할 때의 '벌리다'를 구별하지 못하고, '늘다'의 사역형이나 아래로 길게 처지게 한다는 뜻의 '늘이다'와 본디보다 크게 하거나 많게 한다는 뜻의 '늘리다'를 구별하지 못한다. 그런가 하면 '방문하다'와 비슷한 뜻인 '들르다'와 소리가 들린다는 뜻의 '들리다'를 구별하지 못하는 일이 비일비재하다.

문장의 부적절한 호응

방송을 보면 문장과 문장의 호응이 어색하거나 문장 성분과 문장 성분의 호응이 어색한 경우가 종종 있다. 방송 언어의 특성상 주로 입말을 사용하기 때문에 무엇이 잘못되었는지 의식할 새도 없이 금방 지나치는 경우가 태반이지만, 귀에 거슬리는 것은 어쩔 수 없다. 시인 안도현은 이런 문장을 사용하는 것은 글 쓰는 사람으로서 창피한 일이라며 시인의 인생은 비문을 버리기 위한 과정이라고 말한다.

일반적으로 문장 또는 문장 성분의 호응이 어색해지는 까닭은 수식이 화려해지면서 문장의 길이가 길어지는 것과 관련이 있다. 이와 관련하여 만연체를 바람직하지 않은 문체인 양 설명하는 경우가 있는데, 만연체 문장이라 하더라도 기본적으로 문장이 호응만 된다면 그 나름의 멋을 드러내기에 충분하다. 아울러 문장 성분의 호응이란 문장의 길이와 상관없이 아라비아숫자 '이십(20)'은 '살'보다 '세(歲)'와 더 잘 어울린다는 식의 조화를 뜻하는 말이기도 하다.

(6) ㄱ. 올해 연세가 몇 살이나 되십니까?
ㄴ. 가장 큰 이유는 지속될 가능성이 없기 때문이다.
ㄷ. 올 여름 우리나라는 평년보다 무더울 것으로 전망했습니다.
ㄹ. 가격 거품을 뺀 실속형 상품이 새로운 소비 추세로 자리 잡고 있

습니다.

예문 (6)은 방송에서 쉽게 접할 수 있는 문장들로 호응 관계가 성립하지 않는다. 문장의 호응이란 주어와 서술어, 수식어와 피수식어가 서로 어울리는 것을 말한다. 이 약속이 제대로 지켜지지 않으면 어색한 표현이 되고 만다. 예문 (6ㄱ)에서는 '연세'와 '몇 살'이, (6ㄴ)에서는 '이유는'과 '없기 때문이다'가, (6ㄷ)에서는 '우리나라는'과 '전망했습니다'가, (6ㄹ)에서는 '상품이'와 '소비 추세로'가 서로 호응하지 않는다.

어휘의 오용

어휘의 오용과 관련하여 가장 일반적으로 지적되는 문제점은 어휘의 용법이 바르지 않은 경우와 이중 사동/피동 표현이 사용된 경우, 군더더기 표현이 사용된 경우이다.

(7) ㄱ. 여기 완전 편의점 같아.
ㄴ. 너무 예쁘세요.
ㄷ. 일부 공무원들의 권위적인 태도는 하루빨리 고쳐져야 한다.
ㄹ. 그건 좀 애매모호한데.

예문 (7ㄱ)은 '완전'의 용법이 잘못 되었고, 예문 (7ㄴ)은 '너무'의 용법이 잘못 되었다. 예문 (7ㄷ)은 이중 피동 표현이 사용되었고, 예문 (7ㄹ)은 군더더기 표현이 사용되었다. '애매모호하다'는 일본식 한자어 '애매하다'와 우리말 한자어 '모호하다'가 중복 사용된 것으로 볼 수 있다.

이 외에도 뉴스를 보면 '옛부터'라는 말을 예사로 들을 수 있다. 일반적으로 명사 '예(古)'는 조사 '~부터'와 함께 사용할 수 있지만, '옛'은 명사를 수식하는 관형사이므로 조사 '~부터'와 함께 사용할 수 없다. 즉, '옛부터'는 '예부터'의 잘못된 말인 것이다. 드물지만 '마음적으로'라는 말도 귀에 거슬린다. '-적(的)'이라는 접사는 한자에만 쓸 수 있기 때문이다. '심적으로'나 '정신적으로'는 되지만, '마음적으로'는 안 된다.

'굉장히'라는 부사를 남발하는 것도 문제로 지적된다. '굉장히'는 무척 크고 으리으리한 것을 수식할 때 사용하는 말로서 "굉장히 작다."나 "굉장히 예쁘다"와 같은 상황에서는 사용할 수 없다. 일종의 공해로까지 여겨지는 '같아요'는 자신감이 부족한 표현으로 남용하지 않는 것이 좋다. 그보다는 '듯 합니다'를 사용하는 편이 낫다.

사람들이 너무 많이 사용하는 '너무'는 고질병에 가깝다. 출연자가 무심코 '너무'라고 말을 사용해도 방송 자막에는 '정말'이라고 나가지만 좀처럼 고쳐질 기미가 보이지 않는다. '너무'는 지나치다는 뜻을 지니고 있는 부정적인 말이므로 "너무 좋다."나 "너무 예쁘다."로는 사용할 수 없다. 그런 경우에는 '매우'나 '정말'을 사용해야 한다.

고사성어와 숙어도 잘못 사용하는 일이 많다. '풍비박산(風飛雹散)'을 '풍지박산'으로, '어두육미(魚頭肉尾)'를 '어두일미'로, '오곡백과(五穀百果)'를 '오곡백화'로, '막역(莫逆)한 사이'를 '막연한 사이'로, '혈혈단신(孑孑單身)'을 '홀홀단신'으로 잘못 말하는 일이 많다. 따라서 어려운 한자어는 가급적 쉬운 말로 바꾸어 사용하는 편이 낫다.

방언의 사용

방언은 크게 지역 방언과 사회 방언으로 나눌 수 있는데, 지역 방언의 경우 예술성이 요구되는 텍스트에서 특정 지역의 자연이나 풍속 등 향토색을 드러내는 장치로 자주 사용된다. 드라마가 그 좋은 예이다. 특정 세대나 직업, 성별의 정체성을 드러내는 장치로 사용되는 사회방언도 이와 마찬가지다.

그렇다면 지역 방언을 드라마가 아니라 일반 프로그램에서 사용하는 것은 어떨까? 엄밀한 의미에서 지역 방언뿐만 아니라 사회 방언도 일반 프로그램에서는 사용하지 않는 것이 좋다. 그것은 향토색이 아니라 패거리 의식에서 비롯된 일종의 사회적 병리현상으로서 지방색이라고 한다.

그런데 문제는 일부 지역 방언의 경우, 사용자들이 그것이 지역 방언이라는 사실을 모른 채 사용한다는 것이다. 예를 들면 '가장자리'를 '가생이'로, '계란'을 '겨란'으로, '고린내'를 '고랑내'로, '그리고'를 '그리구'로, '너'를 '니'로, '목말'을 '무등'으로 '창피'를 '챙피'로, '튀김'을 '튀각'으로, '하려고'를 '할려고'로 발음하는 것은 지역 방언에서 영향을 받은 비표준발음이다.

지역 방언을 일정한 맥락에 따라 사용하는 것은 막을 수 없다. 즉, 진행자가 특정 지역으로 찾아가 진행하는 프로그램의 경우, 해당 지역 방언을 사용하는 것은 자연스럽다. 그런데 전국 방송에서 특정 지역과 무관한 주제를 다룰 때, 진행자가 지역 방언을 사용한다는 것은 진행자의 기본적인 자질이 부족할 뿐만 아니라 제작진의 정치적 의도를 의심하지 않을 수 없다.

실제로 그동안 지역 방언의 노출 빈도는 정권에 따라 다른 양상을 보여왔다. 가령 드라마에서 전라도 말씨가 많이 등장한 시기는 김대중 대통령이 집권하던 국민의 정부 시기이다. 그 이전에는 경상도 말씨가 많이 구사되었다. 최근에는 특정 지역에 얽매이지 않고 다양한 지역의 말씨가 고르게 사용되고 있어, 과거에 비해 지역 간 갈등이 다소 해소되었다는 평가를 하기도 한다.

품위 없는 방송 언어

방송 언어의 또 다른 문제점으로 품위 없는 표현을 무분별하게 사용한다는 점을 지적할 수 있다. 특히 사건·사고의 경우, 묘사를 매우 구체적으로 하려는 경향이 있어서 자극적인 어휘를 선택하는 경우가 많다. 어휘뿐만 아니라 몸짓도 예외가 될 수 없다. 특히 오락 프로그램에서는 상대방의 머리를 잡고 흔든다거나 손으로 목을 긋는 행동도 서슴지 않는다. 이와 관련하여 몇 가지 예를 살펴보자.

(8) ㄱ. 김 모 여인이 아랫도리가 벗겨진 채 숨져 있는 것을 김 모 씨가 발견했습니다.
ㄴ. 5살 이 모 군이 목구멍으로 동전이 넘어가 질색해 숨졌습니다.
ㄷ. 서울대공원의 하마가 하마새끼를 낳았습니다.
ㄹ. 곰보처럼 울퉁불퉁 파인 길

예문 (8ㄱ)에서 '아랫도리'는 '아래옷'으로, (8ㄴ)에서 '목구멍'은 '목'으로, (8ㄷ)에서 '하마새끼'는 '새끼 하마'로, (8ㄹ)에서 '곰보'는 '멍게 껍질'로 바꾸는 것이 의미나 어감 면에서 품위를 지킬 수 있는 길이다. 참고로 소, 말, 개, 닭 등의 새끼는 송아지, 망아지, 강아지, 병아리처럼 이름이 있지만 그렇지 않은 동물들은 새끼 코끼리, 새끼 사자처럼 부르는 것이 자연스럽다.

지나친 외래어 사용

2008년 국립국어원이 방송 프로그램 제목을 대상으로 15년간 방송 4사의 언어 사용 실태를 조사한 결과, 외래어 사용 비율이 눈에 띄게 증가한 것으로 나타났다. 그중에서도 보도 프로그램에서 외래어 제목을 가장 많이 사용하는 것으로 나타났는데, '이야기'는 '토크'로, '쟁점'은 '이슈'로, '행복'은 '해피'로 바뀌었다.

KBS1	KBS2	MBC	SBS
KBS 글로벌 24	굿모닝 대한민국	스포츠 다이어리	나이트라인
스포츠 하이라이트	KBS 아침 뉴스타임	그린 실버	모닝와이드
올댓 뮤직	KBS 스포츠 타임	MBC 뉴스투데이	접속 무비월드
내 고향 스페셜	출발 드림팀 시즌2	키즈사이언스	SBS 뉴스퍼레이드
드림하이	KBS 뉴스타임	키즈스쿨	생방송 투데이
KBS 파노라마	생생 정보통 플러스	MBC 이브닝 뉴스	
러브 인 아시아	굿닥터	컬투의 베란다쇼	
KBS 뉴스라인			

[표 4] 방송 4사의 프로그램 제목(2013년 8월 13일 기준)

이와 관련하여 이은경(1997)은 방송 3사의 프로그램 제목을 분석한 결과, 전체 프로그램 가운데 외래어가 사용된 프로그램 제목이 63.2%에 달한다고 말하였다. 이는 시청자들에게 외래어로 표현해야 품격이 높아진다는 그릇된 고정관념을 심어

줄 수 있다는 점에서 우려의 목소리가 높다.

지나친 외래어 사용은 결과적으로 외래어 남용을 부추기는 악순환을 거듭하게 된다. 게다가 '밥집-식당-레스토랑'이나 '옷집-의상실-드레스숍'에서도 볼 수 있듯이 한국어를 가장 촌스러운 말로 인식하는 경향이 자리 잡을 수도 있다. 텔레비전 광고에 소개되는 상품 이름의 약 86%가 외래어라는 점은 걱정스럽지 않을 수 없다.

이와 관련하여 독일의 철학자 요한 피히테(Johann G. Fichte)의 말을 되새겨 볼 필요가 있다. 그는 모국어를 사랑하는 민족은 번영할 것이고, 그렇지 못한 민족은 멸망할 것이라고 말하였다. 그의 말처럼 우리 민족도 지금과 같은 상태가 지속된다면 교육을 받은 계층과 교육을 받지 못한 계층의 분열이 더욱 가속화될 것이다. "말이 오르면 나라도 오르고, 말이 내리면 나라도 내린다."라는 말을 남긴 주시경 선생의 의도도 이와 다르지 않다.

모름지기 방송 언어는 자음 한 조각, 모음 한 조각이라도 떨어져 나가거나 찌그러지지 않아야 한다. 잡석이 붙어서도 안 되고, 티끌이 묻어서도 안 된다. 오늘날 BBC나 NHK의 명성은 자국어의 순수성을 지키려는 노력을 통해 이루어낸 것이다. 바야흐로 세계화 시대를 맞아 '가장 한국적인 것이 가장 세계적일 수 있다'는 사실을 깨닫고, 우리의 독자적인 문화 발전을 도모해야 할 것이다. 그러기 위하여 순수한 우리말을 갈고 닦아서 우리 문화를 발전시키고, 나아가 남북한 국어 통일도 이룩하고, 세계사에 빛나는 한국 문화를 이룩해야 할 것이다.

2. 방송 진행자의 역할

일반적으로 전파를 타는 방송인의 범주에는 아나운서(Announcer)와 앵커(Anchor), 캐스터(Caster)뿐만 아니라 취재기자나 리포터는 물론이고, 연예인 등 참으로 다양한 사람들이 포함된다. 따라서 그들 모두에게 방송 언어의 규범을 엄격하게 지킬 것을 요구하는 것은 무리가 따른다. 다만 기본적인 언어 예절조차 지켜지지 않는다면 그로 인한 파급 효과가 결코 적지 않을 것이다. 따라서 방송 진행자의 역할이 매우 중요하다. 기본적으로 방송 진행자는 시청자로 하여금 프로그램을 신뢰하게 만드는 역할을 하기 때문이다. 이와 관련하여 방송 진행자에게 요구되는 요건과 자질을 살펴보면 다음과 같다.

첫째, 방송 진행자는 올바른 표준어를 구사해야 한다. 이것은 방송인이 갖추어야 할 최소한의 기본적인 자질이라고 할 수 있다.

둘째, 방송 진행자는 세분화되고 전문화되는 요즘 시대의 요구에 따라 전문성을 확보해야 한다.

셋째, 방송 진행자는 국가의 품격을 드러낼 수 있도록 최선을 다 해야 한다. 따라서 국가관이 확고해야 하며, 국어를 사랑하는 정신이 몸에 배어 있어야 한다.

넷째, 방송 진행자는 남북통일이라는 과제에 능동적으로 임해야 하며, 남북한 언어의 동질성 회복을 위해 노력해야 한다.

다섯째, 방송 진행자는 반드시 일정 기간 동안 언어 훈련을 받아야 한다. 즉, 언어 교육을 강화하여 올바른 방송 언어를 구사할 수 있도록 해야 한다.

요즘 방송 프로그램을 보면 하루아침에 스타가 되는 사람들이 많다. 노래 한 곡이 인기를 끌어 방송 진행자가 되는가 하면, 미스코리아나 슈퍼모델이 되어 방송 진행자가 되기도 한다. 때로는 신선하다는 느낌을 받기도 하지만, 방송인으로서 기본 교육조차 받지 않고 시청자 앞에 선다는 것은 참으로 무모한 일이다. 따라서 방송 진행자로서 의무와 사명감을 깨닫고, 전문성을 확보하기 위해 노력하는 모습을 보여야 할 것이다.

■ 토의거리 ■

1. 드라마 제목을 두고 언어파괴 논란이 일자 〈차칸남자〉가 〈착한남자〉로 제목을 바꾸었다. 작가의 창작 의지와 방송의 책임론 중에 무엇이 더 우선한다고 생각하는가?
2. 〈무한도전〉이 방송 언어를 파괴했다는 이유로 방송통신심의위원회로부터 징계를 받았다. 이와 관련하여 언어 파괴냐, 현실 반영이냐로 논란이 일고 있다. 어느 쪽 주장에 설득력이 있다고 생각하는가?

■ 읽을거리 ■

국립국어연구원. 2003. 언론 외래어 순화자료집. 국립국어연구원.

김민수. 1988. 국어순화의 현실과 전망. 국어생활 14. 국립국어연구원.

김상준. 1986. 방송과 우리말. 정음사.

김영미. 1994. 방송광고언어연구. 대구대학교 석사학위논문.

문화체육부. 1994. 생활 외래어 순화집.

서정수. 1988. 서구 외국말의 문제. 국어생활 14. 국립국어연구원.

이은경. 1997. 방송에서의 외래어 사용 실태와 순화방안. 국어학회.

이현복. 1993. 표준발음의 교육방법에 대하여. KBS 한국어연구논문 37. KBS아나운서실 한국어연구회.

최기호. 1986. 가치관이 담겨 있는 방송언어. 방송심의 65. 방송심의위원회.

최기호. 1987. 방송언어의 어제와 오늘. 방송심의. 방송심의위원회.

한국방송공사. 1987. 방송언어 변천사. KBS 한국어연구회.

제08장

광고 언어로 사회 들여다보기

광고를 구성하는 요소는 언어적 요소와 비언어적 요소로 나눌 수 있는데, 우선 언어적 요소로는 헤드라인(headline), 서브헤드(subhead), 오버헤드(overhead), 보디카피(body copy), 슬로건(slogan), 캡션(caption), 블러브(blurb, balloon) 등이 있고, 비언어적 요소로는 사진, 일러스트레이션, 영상, CM, 배경음악, 효과음, 로고, 심벌, 레이아웃 등이 있다. 이들은 각기 유기적인 결합을 통해 소비자에게 좀 더 효과적으로 상품 정보를 제공하는 역할을 한다.

그런데 언어적 요소를 보면 "이쁘다, 설레이다, 피로회복제, 건강하세요" 등의 비문법적인 어휘가 눈에 띄는가 하면, "의사 약사에게 상의하십시오."처럼 조사를 잘못 사용한 사례도 있고, "퇴직연금이 함께 하겠습니다."처럼 띄어쓰기를 잘못한 사례도 있고, "옛날 어린이들은 호환, 마마, 전쟁 등이 가장 무서운 재앙이었으나, 현대의 어린이들은 무분별한 불량·불법 비디오를 시청함으로써, 비행 청소년이 되는 무서운 결과를 초래하게 됩니다."처럼 주어와 서술어의 호응이 안 되는 사례도 있다. 그 때문인지 '오뚝이'를 '오뚜기'로, '설렘'을 '설레임'으로, '종갓집'을 '종가집'으로 알고 있는 사람들이 많다. 이는 그만큼 광고의 위력이 크다는 것을 단적으로 말해준다.

그런데 이보다 더 큰 문제는 날씬한 여성 모델이 화려한 옷을 입고 냉장고 앞에서서 행복해하는 스토리로 제품 광고가 만들어지고 있다는 것이다. 이는 여성의 성역할에 대한 진부한 고정관념을 드러낸 것으로 영국의 평론가이자 소설가인 존 버거(John P. Berger)의 말처럼 "광고는 소비사회의 문화이며, 그 이미지를 통해 그 사회의 본질적인 통념을 선전한다."라는 말처럼 우리 사회의 통념을 드러낸 것이라고 말할 수 있다.

광고만큼 한 시대의 생활상과 가치관, 문화를 단적으로 반영하는 매체도 드물 것이다. 더욱이 오늘날 광고는 매체가 인터넷, 텔레비전, 신문, 잡지, 라디오, 지하철, 버스, 옥외광고, 전단지 등으로 매우 다양해졌으며, 그만큼 신속하고 광범위하게 전파되면서 가장 영향력 있는 대중문화로 자리를 잡고 있다.

이와 관련하여 이 장에서는 광고의 요소 중 국민의 언어생활에 큰 영향을 미치고 있는, 언어적 요소인 광고언어를 살펴보기로 한다. 이를 통해 광고 카피로 사회현상을 설명하고자 한다.

1. 광고 언어의 특징

광고는 소비자에게 상품 정보를 객관적으로 전달하는 매체가 아니라 치열한 마케팅 경쟁에서 살아남기 위해 광고주가 의도적으로 정보를 선별, 가공하여 소비자를 유혹하는 설득 커뮤니케이션의 한 유형이다. 그로 인해 광고의 부정적인 측면, 즉 정보를 과장하거나 허위 정보를 퍼뜨리고, 때로는 무분별한 소비 풍조를 조장하는 등의 문제점이 도마 위에 오르곤 한다.

광고에서 메타포와 유머를 즐겨 사용하는 것은 상품을 포장하는 고도의 전략으로 평가받고 있다. 메타포와 유머는 사람들의 눈과 귀를 사로잡는 일종의 속임수로 평범한 이미지와 아이디어에 새로운 생명을 불어넣는다. 광고를 통해 '초코파이'는 '정(情)'의 메타포가 되었고, '빼빼로'는 '사랑'의 메타포가 되었다. "니들이 게맛을 알어?"라는 광고는 유머 코드를, "빨래, 뼈 빠지게 하지 말고, 때 빠지게 합시다."라는 광고는 언어유희를 활용하여 주목을 받은 바 있다.

실제로 광고의 성패는 광고 언어가 얼마나 촌철살인의 효과를 거두느냐에 달려 있다고 해도 과언이 아니다. 한마디로 말해 기억되는 광고를 만들기 위해서는 기억할 만한 이미지도 제공해야 하겠지만, "따봉"처럼 기억할 만한 말도 제공해야 한다. "순간의 선택이 10년을 좌우합니다."라는 카피 어디에도 상품에 대한 언급은 없지만, 상품에 대한 자신감은 차고 넘친다. 이것이 바로 말이 갖는 힘이다.

음운적 특징

광고 언어의 특징 가운데 가장 눈에 띄는 것은 라임(rhyme)이다. 라임이란 말의 첫머리나 끝머리에 비슷한 운(韻)을 규칙적으로 사용함으로써 운율을 맞추는 것을 말하는데, 이는 리듬감을 형성하여 기억 효과를 높일 수 있다는 점에서 광고에서 널리 사용되고 있다. 라임은 위치를 중심으로 앞을 반복하는 두운, 가운데를 반복하는 요운, 뒤를 반복하는 각운이 있고, 음소를 중심으로 자음을 반복하는 '자운'과 모음을 반복하는 '모운'이 있다.

(1) ㄱ. 머리 좋은 사람보다, 머리 많은 사람이 부럽다. (탈모방지제 HR7)
ㄴ. 엄마가 되어 엄마를 알았습니다. (삼성생명)
(2) ㄱ. 달릴 때는 자유, 머무를 때는 여유 (현대자동차)
ㄴ. 깨끗하게 맑게 자신있게 (클린앤클리어)

예문 (1)과 같은 형태를 두운이라 하는데, 두운은 일정한 간격을 두고 떨어져 있는 앞 구절의 첫소리와 뒤 구절의 첫소리가 동일한 운을 이루는 것을 일컫는다. 이렇게 함으로써 발음하기도 편하고, 듣기도 편하여 기억 회생율을 높일 수 있다. 아울러 예문 (2)와 같은 형태는 각운이라 하는데, 각운은 두운과 달리 첫소리가 아니라 끝소리가 동일한 운을 이루는 것을 일컫는다. 일반적으로 광고에서는 두운을 이용하지만, 노래가사에는 각운을 이용하는 편이다.

어휘적 특징

우리말에 '아' 다르고 '어' 다르다는 말이 있다. 이는 어휘의 선택이 중요하다는 것을 의미한다. 설득이 목적인 광고에서 어휘 선택만큼 중요한 전략도 없을 것이다. '카피라이터'가 전문직이 된 것도 이러한 관점에서 이해할 수 있다.

언어는 본래 유기체와 같아서 시간이 흐르면 변하기 마련이다. 즉, 새로운 어휘가 탄생하기도 하고, 기존의 어휘가 달라지거나 사라지기도 한다. 광고에서도 마찬가지다. 시대에 따라 사용하는 어휘가 달라진다. 통시적인 관점에서 광고 어휘를 살펴보면, 가격과 기능을 강조하던 시대를 거쳐 품질과 디자인을 강조하는 시대로 넘어왔음을 알 수 있다. 전략도 바뀌고 있다. 활자와 매체의 홍수 속에서 소비자의 뇌리에 기억되기 위해 몸부림을 치고 있는 것이다.

(3) ㄱ. 메주는 묵히면 장이 되지만, 변비는 묵히면 병이 됩니다. (부광약품)
ㄴ. 당신은 철없는 여자 (헤모큐)
ㄷ. 남의 편만 들어서 남편이라 부르나 봅니다. (SK)
ㄹ. 유비무암(有備無癌) (삼성생명)

예문 (3)에는 친숙하고 일상적인 사물이나 관념을 낯설게 하여 새로운 느낌이 들도록 하는 '낯설게 하기' 기법이 사용되었다. 아울러 일종의 유머 전략이 사용된 것으로 볼 수도 있다. 예문 (3ㄱ)에서는 유추를, 예문 (3ㄴ)에서는 동음이의어를, 예문 (3ㄷ)에서는 언어유희를, 예문 (3ㄹ)에서는 패러디를 사용하여 웃음을 자아내고 있는 것이다.

문체적 특징

광고는 광고주가 소비자를 설득하는 대화의 일종이다. 따라서 상대방의 체면 위협을 최소화하기 위해 격식을 갖춘 아주 높임의 의문문을 사용하는 것이 바람직하지만, 실제로는 격식을 갖추지 않은 아주 낮춤의 명령문을 사용하기도 한다. 예문 (4ㄱ)은 아주 높임의 의문문을 사용하고 있지만, 예문 (4ㄴ)은 아주 낮춤의 명령문을 사용하고 있다.

(4) ㄱ. 이 조건마저 놓치시겠습니까? (GS 건설)

ㄴ. 공부 좀 그만해라. (삼성출판사)

이는 소비자에게 전달되는 인상을 강하게 하여 시선을 사로잡으려는 전략으로 볼 수 있는데, 이러한 효과를 극대화하기 위해 주로 반복법이나 대구법을 사용하는 경우도 있다. 과장법이나 반어법의 경우, 수사적 의도에 대한 오해가 생길 수 있기 때문에 사용할 때 주의를 기울여야 한다.

2. 광고 언어와 사회

광고 언어를 보면, 광고가 만들어진 사회를 이해할 수 있다. 광고야말로 사회의 단면을 극명하게 드러내는 언어 예술의 한 장르이기 때문이다. 광고가 우리 생활과 얼마나 밀접하게 관련되어 있는지는 2008년에 유행했던 '김연아의 하루'를 보면 쉽게 이해할 수 있다.

(5) 아침에 일어나 '하우젠' 에어컨을 켜고 '디오스' 냉장고에서 '아이시스' 생수를 꺼내 마신다. '샤프란'으로 깨끗하게 세탁한 '나이키' 트레이닝복을 입고, 스케이트와 '위스퍼'를 가방에 챙긴다. '라끄베르'로 기초화장을 하고 '제이에스티나 스케이트 주얼리'를 걸고 아침 훈련을 위해 '현대자동차'를 타고 집을 나선다. 고려대학교 아이스링크에서 도착해 발뒤꿈치가 까지지 않도록 '3M 넥스케어' 반창고를 붙이고 '유니버셜 뮤직'에서 출시된 음악을 배경으로 훈련한다. 쉬는 시간에는 '김연아빵'과 '매일ESL 저지방&칼슘 우유'를 간식으로 먹는다. 훈련을 마치고 친구들과 만나서 수다를 떨다가 'KB국민은행'에 가서 현금을 찾고 재미로 '스포츠토토'를 한 장 산다.

예문 (5)는 2003년 광고계의 여왕으로 군림했던 '이영애의 하루'를 패러디한 것이다. 비록 가상의 스토리이지만 광고로 하루를 재구성함으로써 한 여성의 일상을 그대로 보여주고 있다는 점에서 그 의의를 찾을 수 있다. 그러므로 싫든 좋든 광고 언어에 관심을 가져야 한다. 그것이 곧 김연아의 일상이자 우리의 일상이기 때문이다.

광고는 지금까지 우리가 살아온 생활방식의 패턴을 바꾸려는 시도로서 우리 사회의 과거와 현재, 그리고 미래까지 통찰할 수 있는 근거를 제공한다. 따라서 광고를 보면 한 사회의 과거와 현재, 미래까지 읽을 수 있다. 이와 관련하여 광고 언어에 반영된 한국 사회의 가치관을 살펴볼 필요가 있다.

광고에 나타난 가치관

그동안 한국 광고의 내용을 통시적으로 훑어보면 동양적 가치관인 도덕주의, 집단주의, 전통적 가족관, 숙명적 자연관에서 서구적 가치관인 물질주의, 개인주의, 현대적 가족관, 지배적 자연관으로 변했음을 알 수 있다. 이처럼 광고는 한 사회의 의식구조와 가치관을 반영한다. 따라서 사회가 바뀌고 국민의 인식이 바뀌면, 광고의 표현 방식도 바뀌게 된다.

실례로 1955년 경향신문에 실린 '럭키치약' 광고를 보면 "미제와 꼭 같은(미국원료 미국처방으로 제조된) 럭키치약"이라는 문구가 등장한다. 여기에는 당시 우리나라가 전쟁 직후 미국의 원조를 받고 있던 처지가 그대로 드러난다. 오늘날 농산품 광고에 '국내산'이라는 문구가 들어가야 신뢰를 할 수 있듯이 당시에는 치약 광고에 '미제'라는 문구가 들어가야 신뢰를 할 수 있었던 것이다.

또 다른 예로 천현숙 외(2013:170)는 '엄마'가 등장하는 광고를 분석한 결과, 관공서 및 단체 광고에 엄마가 가장 많이 등장했으며, 그 뒤를 이어 식음료 광고와 금융 보험 광고, 가정용품 광고, 정보통신 광고, 생활용품 광고 순으로 나타났다고 밝히며, 이를 근거로 엄마의 이미지가 전통적인 관점에서 조금 벗어난 것으로 볼 수 있다고 진단한다.

(6) ㄱ. 엄마는 바쁘다. (동원참치)
ㄴ. 딸이 딸을 낳았단다. (유한락스)

예문 (6ㄱ)에는 밤늦게까지 직장에서 일하는 '엄마'의 모습이, 예문 (6ㄴ)에는 아내를 대신해 집안일을 하는 '아빠'의 모습이 그려져 있다. 물론 아직까지도 '엄마'하면 가정주부라는 이미지가 제일 먼저 떠오르지만, 안사람으로서 엄마의 이미지와 바깥사람으로서 아빠의 이미지는 조금씩 바뀌고 있는 것이 사실이다. 그러한 인식의 변화를 광고를 통해 어렵지 않게 확인할 수 있는 것이다.

(7) 나이는 숫자에 불과하다 (KTF)

예문 (7)을 보면 광고가 단순히 현실을 반영하는 역할에 그치는 것이 아니라 현실의 변화를 주도하는 역할을 한다는 것을 알 수 있다. 다시 말해 이전까지 공공연하게 언급된 적이 없거나 논의가 부족했던 가치를 광고를 통해 공론화함으로써 사회를 변화시키는 문화 장치로서 기능을 담당하는 것이다.

광고에 나타난 자아상

우리나라는 전통적으로 '나'와 '너'보다 '우리'의 개념이 강한 민족이다. 직장을 가족처럼 여기는 조직문화가 나타난 것도 이러한 배경에서 이해할 수 있다. 그런데 평생직장의 개념은 이미 사라졌고, 집단의 가치가 개인의 가치보다 앞설 수 없다는 인식이 자리를 잡으면서 '나'의 가치를 새삼 중시하기 시작했다. 이러한 자아중심적인 가치관은 광고 언어에도 그대로 나타난다.

(8) ㄱ. 내가 다른 건 나만의 컬러가 있기 때문이야. (쌩상)
ㄴ. 니가 진짜 원하는 게 뭐야! (TTL)
ㄷ. 두고 봐, 세상이 나를 바꿀지 내가 세상을 바꿀지. (리바이스)

예문 (8ㄱ)에서는 '나'만의 색을 강조하고, 예문 (8ㄴ)에서는 '너'의 진짜 욕구를 묻는다. 그런가 하면 예문 (8ㄷ)에서는 '내'가 세상을 바꿀 것이라고 장담한다. 모두가 개인의 가치와 개성을 강조하고 있다. 공동체 의식과 집단 중심적 가치가 자기중심적 가치로 변화하기 시작한 것이다.

광고에 나타난 여성상

한국 사회에서 여성의 이미지는 60~70년대까지만 해도 '가정'이라는 테두리를 크게 벗어나지 못한 채, 조용하고 순종적이며 모성애가 넘치는 모습으로 그려졌다면, 2000년대 이후에는 건축가, 변호사, 한의사 등 자기 분야에서 성공한, 적극적이고 능동적인 커리어우먼으로 바뀌고 있다.

(9) ㄱ. 여자여, 자신을 찾아라 (아베끄 르땅)
ㄴ. 새로운 내가 시작된다. 내 삶은 그림자가 아니다. 백퍼센트 나. (크로와제)

이러한 세태를 반영하듯, 예문 (9)의 광고에서는 여성의 자아 발견을 강조하고 있다. 시대가 변함에 따라 여성상도 변하고 있다. 이는 광고를 통해서도 쉽게 확인할 수 있다. 그렇다고 성차별이 완전히 사라진 것은 아니다. 이와 관련하여 철학자인 시몬느 보봐르(Simone de Beauvoir)는 <제2의 성(性)>에서 "여성은 여성으로 태어나는 것이 아니라, 여성으로 만들어지는 것"이 문제라고 지적하였다.

광고에 나타난 건강관

요즘 우리 사회에서 '건강'은 중요한 화두이다. '웰빙'이니 '유기농'이니 하는 각종 친환경 제품이 쏟아져 나오고 있으며, 건강과 관련된 다양한 프로그램이 전파를 타고 있다. 다이어트 열풍은 좀처럼 식을 기세를 보이지 않고, 건강 관련 식품이나 약품을 구입하는 것도 예전에 비해 한결 수월해졌다.

(10) ㄱ. 14일만에 1400g의 체중이 는다 - 프리보보란 (조선일보 1965)
ㄴ. 살찌게 하는 약, 베스타나볼 - 한일약품 (경향신문 1967)

그런데 예문 (10)에서도 확인할 수 있듯이 '보릿고개'라는 말이 처음 등장했던

1970년대 이전의 광고에서는 '살찌는 것'을 건강함의 상징으로 여겼다. 이후 등장한 라면을 보고 '신의 선물'이라고 했을 만큼 어려웠던 것이다. 하지만 이러한 풍조는 오래가지 않았고, 1990년대 이후부터 "적게 먹고 가볍게 살자."라는 광고가 주류를 이루기 시작했다. 비만이 건강에 해롭다는 인식이 자리를 잡은 것이다.

광고에 나타난 교육관

한국의 교육열은 버락 오바마(Barack H. Obama) 행정부에서도 주목하고 있지만, 그 이면을 들여다보면 공교육의 불신으로 인해 사교육이 지나치게 과열되어 있으며, 교육 시장이 비정상적인 규모로 확대되어 있다는 것을 알 수 있다. 게다가 교육 광고를 보면 교육의 초점이 엉뚱한 방향에 맞추어져 있다는 것을 깨닫게 될 것이다.

(11) ㄱ. 1% 아이로 키우는 1등 놀이법 (피셔 프라이스)
ㄴ. 자녀의 성적을 올리는 1등 엄마의 노하우 (엠씨스퀘어)
ㄷ. 만2세부터 시작하는 학습지 (영교)
ㄹ. 성적, 뚜~욱 떨어져봐야 알겠습니까? (우리들체어)

예문 (11ㄱ)은 차별을 조장하고 있고, 예문 (11ㄴ)은 교육의 주체가 엄마라는 인식을 심어주고 있으며, 예문 (11ㄷ)은 조기교육을 부추기고, 예문 (11ㄹ)은 성적으로 소비자를 위협하고 있다. 이미 우리나라는 교육의 양이 교육의 질을 압도한, 교육 인플레이션을 경험하고 있는 것이다. 올바른 소비의 지혜가 필요한 시점이다.

3. 광고 언어의 윤리

광고의 양이 늘어나면서 크고 작은 문제가 발생하기 시작했다. 기업이 이윤 창출에 초점을 맞춤으로써 광고로 인해 사회 문제가 야기되기 시작한 것이다. 그로 인해 기업의 사회적 책임을 강조하면서 사회적으로 용인될 수 있는 광고의 윤리적 기준이 등장하기에 이른다. 광고 윤리에 따라 광고 활동이 이루어지지 않는다면 공공의 이익에 반하는 일이 가능해졌기 때문이다.

허위광고와 과장광고

광고 언어 중에는 '홍삼 엑기스가 500mg'처럼 구체적인 정보를 제시하는 것도 있지만 '한 스푼에 영양이 듬뿍'처럼 추상적인 정보를 제시하는 것도 있다. 이와 관련하여 상품의 물리적, 기술적 특성의 우세함을 객관적으로 제시하는 광고보다 사실 여부를 정확하게 판단하기 어려운 내용을 제시하는 광고가 더 많은 것이 사실이다. 그런데 제품의 이점이나 속성에 대해 과장하고 있다 하더라도 그것이 거짓이라고 단정하기는 어렵다.

(12) ㄱ. 암 스스로 치료할 수 있습니다! (하나한의원)
ㄴ. 100만 원대 품질 10만 원대 가격. (젠트웰)
ㄷ. 10%로 100% 스타일을 완성하다. (한국 닛산)
ㄹ. 맛있는 게맛살. (동원산업)

예문 (12ㄱ)에서는 암을 스스로 치료할 수 있다고 말하고, 예문 (12ㄴ)에서는 10만 원대로 100만 원대의 품질을 제공한다고 말하고, 예문 (12ㄷ)에서는 10%로 100% 스타일을 완성한다고 말하지만 과학적인 근거가 있는 말은 아니다. 예문 (12ㄹ)은 '게 살'로 만든 제품인지 '게 맛'이 나는 성분을 첨가한 식품인지 명확하지 않다.

(13) ㄱ. 전교꼴등 민수 이것 먹고 서울대! (총명닷컴)
ㄴ. 이제 나도 엄친아다! (영재사관학원)
ㄷ. 뼈를 바로 알면 장수가 보인다! (대보식품)
ㄹ. 마실수록 어려진다. 마시는 홍초 (대상)

사실과 다르게 광고하거나 사실을 지나치게 부풀려 광고함으로써 소비자를 기만하거나 소비자로 하여금 잘못 알게 할 우려가 있는 광고를 가리켜 허위 광고 또는 과장 광고라고 하는데, 그 내용을 통해 한국인의 욕구를 읽어낼 수 있다. 다시 말해 허위·과장 광고는 소비자의 욕구에 근거한다. 실례로 예문 (13)에서는 '서울대', '엄친아', '장수', '젊음'을 꿈꾸는 소비자의 욕구를 발견할 수 있다.

상품 물신주의

소비문화가 조장한 상품 물신주의란 정신적인 가치보다 물질적인 가치를 중시하는 태도로서 상품이 행복과 건강, 안전, 명성 따위를 가져다줄 것이라는 환상을 심어주는 현상을 말한다. 최근 광고에서 상품을 사회적 지위와 연관시키는 공식이 자주 이용되고 있는데, 이는 상품에 대한 구매 욕구를 인위적으로 만들어내기 위한 광고 전략으로 볼 수 있다.

(14) ㄱ. 프랑스 귀족 화장품 올랑으로 피부 신분을 올리세요. (듀오)
ㄴ. 귀하의 성공 스토리를 BMW로 완성하십시오. (BMW)
ㄷ. 상위 1%의 엄마들은 (외환은행)
ㄹ. 명문가를 만드는 가문관리 서비스 (삼성생명)

예문 (14)는 적극적인 판매 전략의 하나로 '귀족', '성공', '상위 1%', '명문가' 등의 어휘를 사용하여 소비를 자극하고 있다. 실제로 예문 (14ㄱ)에서는 피부의 신분을 올리고 싶으면 프랑스 귀족 화장품을 바르라고 말하고 있고, 예문 (14ㄴ)에서는 BMW를 타야 성공한 사람이라는 인식을 심어줄 수 있다고 말한다. 예문 (14ㄷ~ㄹ)에서는 자신이 제공하는 서비스를 이용하는 사람들이 상위 1% 혹은 명문가라고 강조한다. 한편 고가의 제품을 가리켜 명품이라고 부르는 사람들이 있는데, 그것은 명품(masterpiece)이 아니라 고가의 사치품(luxury)에 불과하다. 명품은 상품이지 브랜드는 아니다.

인격 모독

광고에는 보이지 않는 편견과 차별이 숨어 있다. 때로는 상대의 인격을 모독하기도 한다. 물론 의도적인 것은 아니다. 그것이 편견이고 차별이며 인격 모독이 될 수 있다는 사실을 의식하지 못할 뿐이다. 때로는 소비자의 시선을 사로잡기 위한 전략으로 기본적인 대화 예절을 무시하기도 한다.

(15) ㄱ. 꺼져, 닥쳐. (엑스정보산업)
ㄴ. 벤츠 타는 전교 꼴찌 본 적 있어? (붐스타일)
ㄷ. 카메라를 사려는 여자가 되어본다. 물어볼 남자 없이 혼자 해본다. (옥션)

예문 (15ㄱ)은 경쟁사에 대한 도발의 형식을 취하고 있지만 소비자의 입장에서 듣기에 유쾌한 표현이라고 하기 어렵다. 아울러 예문 (15ㄴ)은 벤츠를 타지 않는 사람 중에 전교 꼴찌가 있다는 말처럼 들려 불쾌하고, 예문 (15ㄷ)은 여자는 남자의 도움을 받지 않으면 카메라조차 살 수 없다는 말처럼 들려 불쾌하다.

성차별

여성을 가정생활의 주체로 묘사하고, 남성을 사회생활의 주체로 묘사하는 것은 엄연한 성차별이다. 또한 여성을 가방의 노예로 묘사하고, 남성을 자동차의 노예로 묘사하는 것도 편견에 지나지 않는다. 최근에는 이러한 변화를 반영하여 화장품 광고에 남성이 등장하고, 자동차 광고에 여성이 등장하기도 한다. 하지만 모두가 그런 것은 아니다.

(16) ㄱ. 예쁜 것도 경쟁력이다 (엔프라니)
ㄴ. 구두는 여자의 로맨틱드라마다! (금강제화)
ㄷ. 여자를 기쁘게 하는 김치냉장고 (LG 디오스)
ㄹ. 여자가 원하는 강한 남자로 변한다! (일진제약)

여전히 수많은 광고에서 성차별적 요소가 발견된다. 예문 (16ㄱ)은 여성의 경쟁력이 실력이 아니라 외모라는 것을 암시하고 있고, 예문 (16ㄴ)은 모든 여자들이 구두에 집착하고 있는 것처럼 묘사하고 있다. 예문 (16ㄷ)에서는 여성을 가정생활의 주체로 묘사하고 있고, 예문 (16ㄹ)에서는 여성의 성을 왜곡시키는 표현이 눈에 띈다.

에로티시즘

성을 활용하는 에로티시즘 광고는 뻔뻔하기 그지없다. 광고 언어의 중의적 표현을 활용하여 야릇한 연상이 가능한 문구를 의도적으로 사용하는 것이다. 상품의 종류와 대상을 가리는 법도 없다. 심지어 과자 광고에도 "큰 게 좋더라."나 "줘도 못 먹나."와 같은 말을 거침없이 사용한다.

(17) ㄱ. 어, 끈이 없네. 밖에서 하니깐 좋지! (KT매가패스)
ㄴ. 강한 걸로 주세요. (한화에너지)
ㄷ. 딱딱해야 좋은 거구나. (레스토닉)
ㄹ. 오래 가는 건 따로 있었네. (오스람)

예문 (17)과 같은 광고는 인간의 본능적인 감성인 에로티시즘을 자극한 것으로 소비자의 이목을 끄는 데는 성공적이다. 다만 단순히 이목을 끌기 위해 성적인 요소를 사용하는 광고보다 상품의 특징과 기능을 성적 요소와 결합한 광고가 더 오랫동안 기억에 남는다는 점을 기억해야 할 것이다.

언어 파괴

광고 언어에서 다양한 형태의 언어 파괴가 시도되고 있다. 이와 관련하여 창조적 파괴라는 주장이 있는가 하면, 일상 언어에 미치는 파급효과가 크기 때문에 주의를 기울여야 한다는 주장이 있다.

(18) ㄱ. KTF적인 사고방식, Have a good time! (KTF)
ㄴ. 졸라쫄라 (해태제과)
ㄷ. 오늘은 여왕이 쏠게 (이퀸즈카드)
ㄹ. 엄청 시원합니다! (모시메리)

예문 (18ㄱ)에서는 영어를 지나치게 많이 사용하고 있고, 예문 (18ㄴ)에서는 '졸라'라는 비어를 사용하고 있으며, 예문 (18ㄷ)에서는 '쏘다'라는 속어를 사용하고 있다. 아울러 예문 (18ㄹ)에서는 부사 '엄청나게'를 줄여서 '엄청'이라고 쓰고 있는데, 이는 '훨씬'을 줄여서 '훨'이라고 쓰는 것처럼 비문법적인 표현이다.

■ 토의거리 ■

1. 광고의 언어 파괴 현상에 대해 찬성하는가, 반대하는가?
2. 좋은 광고란 어떤 광고이고, 나쁜 광고란 어떤 광고일까?

■ 읽을거리 ■

김완석. 1992. 광고 언어의 심리학. 새국어생활 2. 국립국어연구원.
서은아. 2003. 신문광고와 언어. 역락.
신인섭. 1992. 우리나라 광고 언어의 변천사. 새국어생활 2. 국립국어연구원.
임유종. 1993. 광고표제부에 대한 연구. 한양어문연구 11. 한양어문학회.
천현숙 외. 2013. 텔레비전 광고를 통해서 본 이 시대 '엄마'의 모습. 한국광고홍보학보 15-2. 한국광고홍보학회.
최철호. 2003. 대중매체에 나타난 한국어의 모습. 한국의 언어문화. 경북대학교출판부.

제09장

통신 언어로 사회 들여다보기

통신 언어란 통신을 매개로 이루어지는 모든 의사소통 수단을 일컫는 말로서 '인터넷 언어' 혹은 '네티즌 언어'라는 이름으로 불리고 있다. 여기에는 게시판 언어, 꼬리말 언어, 대화방 언어 등이 포함되는데, 이들 언어는 인터넷을 기반으로 빠르게 변화하고 있는 현재 우리 사회의 일면을 가감 없이 드러내고 있다.

통신 언어라는 용어는 컴퓨터 통신이라는 새로운 커뮤니케이션 방식의 등장으로 나타나게 되었는데, 최근에는 핸드폰 통신 환경에서도 사용될 정도로 그 폭이 넓고 경계가 불분명하다. 이러한 현실을 반영하여 이들 통신 매체에서 사용하는 모든 언어를 아울러 '통신 언어'라고 하기로 한다.

컴퓨터와 핸드폰의 등장은 지리적, 언어적, 문화적 장벽을 뛰어 넘어 짧은 기간 안에 현대인의 삶의 방식을 크게 바꾸어놓았다. '통신 언어'의 등장은 이러한 환경의 변화에 근거하며, 새로운 삶의 방식에 적응하기 위한 자연스러운 움직임으로 이해될 수 있다. IT 시장 분석 및 컨설팅 기관인 IDC에 따르면 2013년을 기준으로 전 세계 인터넷 이용자 수는 세계 인구의 1/3인 22억 명에 달하고, 컴퓨터나 핸드폰 등 인터넷 이용 단말기는 약 27억 대가 될 것으로 전망하고 있다. 이에 따라 앞으로 우리의 의사소통 방식은 전통적인 의사소통 방식에서 새로운 방식으로 변화를 시도하게 될 것이다. 그 대표적인 방식의 하나가 바로 '통신 언어'이다.

통신 언어는 한국어에서만 나타나는 현상이 아니라 컴퓨터 통신을 사용하는 거의 모든 나라의 언어에서 나타나는 일반적인 현상으로 그 방식은 음운의 탈락 및 축약과 같은 단순한 방식에서부터 숫자와 특수문자를 이용하는 복잡한 방식에 이르기까지 매우 다양하다. 참고로 영어에서는 다음과 같은 방식을 사용한다.

(1) ㄱ. 'B4'(before)
ㄴ. 'CUL8R'(see you later)
ㄷ. 'HAND'(have a nice day)
ㄹ. 'ILUVU'(I love you)
ㅁ. 'NO1'(no one)
ㅂ. 'X'(kiss)

이러한 변화를 반영하듯 2001년에 개정판을 발간한 영국의 <옥스퍼드 영어사전(Concise Oxford English Dictionary)>에는 예문 (1)과 같은 통신 언어가 ':-), :(, :Q' 등의 이모티콘과 함께 등재되었다. 이는 통신 언어를 단순히 언어 파괴 현상으로만 다룬 것이 아니라 새로운 문화 현상으로 받아들인 결과라고 할 수 있다. 이와 관련하여 <옥스퍼드 영어사전> 출판 담당자인 주디 피어솔(Judy Pearsall)은 "수년간 인터넷과 핸드폰에서만 사용되던 것들이 일반 언어의 일부분이 되었다."라고 말했다.

컴퓨터나 핸드폰 통신을 이용한 의사소통의 경우, 그것이 단지 개인적인 생각이나 느낌을 표현한 것이라고 해도 전통적인 의미의 사적인 글로 보기는 어렵다. 기본적으로 그것들은 여러 사람과 공유가 가능한 형태로 공개될 뿐만 아니라 댓글이라는 방식을 통해 소통이 됨으로써 서로에게 미치는 파급 효과가 적지 않기 때문이다. 따라서 통신 언어를 보면 한 사회의 의식구조와 문화를 이해할 수 있다.

1. 통신 언어의 유형

통신 언어는 초기에 통신비용을 줄이기 위해 타수를 줄이는 과정에서 등장하였다. 하지만 통신비용에 대한 부담이 사라진 후에도 정상적인 대화 속도를 따라가기 위해 띄어쓰기를 무시하거나 소리 나는 대로 입력하는가 하면 감정을 표현하기 위해 이모티콘을 사용함으로써 매우 복잡한 형태로 발전하였다.

1990년대 대화방 언어의 대표적인 형태인 '어솨여'(어서 오세요), '방가'(반가워) 등은 경제성의 원리가 적용된 제1세대 통신 언어이다. 이 시기의 통신 언어는 단순히 한글 자모를 변형하여 사용한 것이 전부이다. 이보다 나중에 등장한 제2세대 통신 언어는 개성의 원리와 차별성의 원리에 따라 외국어와 특수문자 등을 사용하였는데, 좀처럼 해독하기 어렵기 때문에 '외계어'라고 불린다. 실례로 '오I ㄱ=II ㅇ ㄱ'(외계어), '울ㅎ1'(우리), 'ㄱĦ셩Ø'(개성)' 등이 있다.

통신 언어의 유형은 크게 텍스트형과 이미지형으로 나눌 수 있는데, 텍스트형은 '형태 변이형', '의미 전이형', '새말형'으로 나눌 수 있고, 이미지형은 이모티콘이 대표적인 형태이다.

형태 변이형

형태 변이형은 일상 언어에 비해 타수가 줄어든 형태가 일반적인데, 타수가 늘어난 형태도 사용된다. 전자는 '의사소통의 경제성'으로, 후자는 '의사소통의 차별성'으로 설명이 가능하다. 형태 변이형은 하나의 일상 언어에 하나의 통신 언어가 대응하는 '1:1'의 형태보다 하나의 일상 언어에 최소 2개에서부터 최대 34까지의 통신 언어가 대응하는 '1:n'의 형태가 보편적이다.

(2) ㄱ. 음운 첨가: 같당(같다), 안조아염(안 좋아요), 힘내자구욧(힘내자구요), 옵빠(오빠), 자알(잘)
ㄴ. 음운 탈락: 셤(시험), 아뇽(안녕), 설(서울)
ㄷ. 음운 교체: 모야(뭐야), 뉴님(누님), 기뽀(기뻐), 학겨(학교), 죻아(좋아), 뚝뜨럽다(쑥스럽다), 했어여(했어요)
ㄹ. 음운 축약: 추카(축하), 드뎌(드디어)
ㅁ. 음절 탈락: 컴(컴퓨터), 샘(선생님), 비번(비밀번호)
ㅂ. 음차 표기: 칭九들乙(친구들을), G랄 하면 D진다(지랄하면 죽는다), 4랑해(사랑해), ☆상관없는(별상관없는)
ㅅ. 붙여 쓰기: 말좀많이해라(말 좀 많이 해라)

ㅇ. 풀어 쓰기: ㅅㅏㄷㅏㅇㅎㅜㅔ(사랑해)
ㅈ. 자음 문자: ㅋㅋㅋ(크크크)
ㅊ. 이중 부호: 할말이 없넹!?(할 말이 없네!)

예문 (2ㄱ)의 음운 첨가에는 '자음 첨가'와 '모음 첨가'가 있는데, 기본적으로 첨가는 타수를 줄일 수 있는 방식이 아니므로 경제성의 원리로 설명할 수 없다. 다만, 자음 ㅁ과 ㅇ을 첨가한 경우에는 울림소리가 더해져 애교가 느껴지고, 자음 ㅂ과 ㅅ을 첨가한 경우에는 안울림소리가 더해져 강한 의지가 느껴진다.

예문 (2ㄴ)의 음운 탈락에는 '자음 탈락'과 '모음 탈락'이 있는데, 기본적으로 탈락은 타수를 줄일 수 있는 가장 기본적인 방식으로서 음운 탈락으로 인해 음절이 줄어드는 경우는 경제성의 원리로, 음절이 줄어들지 않는 경우는 차별성의 원리로 설명할 수 있다.

예문 (2ㄷ)의 음운 교체에는 '자음 교체'와 '모음 교체'가 있는데, 기본적으로 교체는 타수를 줄일 수 있는 방식이 아니므로 경제성의 원리로 설명할 수 없다. 다만, 구개음을 치조음으로(역구개음화), 치조음 ㅅ을 치조음 ㄷ으로, 이중모음을 단모음으로, 단모음을 이중모음으로, 음성모음을 양성모음으로, 양성모음을 음성모음으로, 자판에서 멀리 떨어져 있는 모음을 자판에서 가깝게 붙어 있는 모음으로 교체한 경우 발음이 정확하지 않은 아이의 말과 같아 애교를 느낄 수 있다.

예문 (2ㄹ)의 음운 축약에는 '자음축약'과 '모음축약'이 있는데, 기본적으로 축약은 타수를 줄일 수 있는 가장 기본적인 방식으로서 자음축약은 거센소리를 만들고, 모음축약은 이중모음을 만들기 때문에 다소 거칠고 무거운 느낌이 들어 메시지를 강조하는 기분을 전달할 수 있다.

예문 (2ㅁ)의 음절 탈락에는 1어절로 구성된 '단어 단위'부터 2어절 이상으로 구성된 '문장 단위'까지 매우 다양한 방식이 존재하는데, 이는 탈락이 타수를 줄이는 가장 효과적인 방법이기 때문이다. 1어절 단위로는 단일어 '컴(컴퓨터)'처럼 첫 음절이 중심 음절이 되는 경우도 있고, '쌤(선생님)'처럼 둘째 음절이, '행쇼(행복하십시오)'처럼 첫음절과 끝음절이 중심 음절이 되기도 한다. 2어절 이상의 단위로는 합성어 '문상'(문화 상품권)처럼 각 어근의 첫음절이 중심 음절이 된다. 음절 탈락은 음절의 개수를 줄임으로써 가벼운 느낌이 든다.

예문 (2ㅂ)의 음차 표기에는 '외국어 음차', '숫자 음차', '특수기호 음차' 등이 있는데, 기본적으로 음차 표기는 타수를 줄일 수 있는 방식이 아니므로 경제성의 원리로 설명할 수 없다. 숫자 음차와 달리 외국어 음차와 특수기호 음차는 표기를 하는 데 시간이 다소 걸리기 때문에 경제성보다는 개성과 차별성을 드러내기에 적합하다.

예문 (2ㅅ)의 붙여 쓰기는 띄어쓰기를 무시하고 모든 글을 붙여서 표기하는 방식이다. 이는 타자의 경제성을 높이기 위한 방식으로 통신언어가 처음 등장했을 때부터 폭넓게 사용되었다.

예문 (2ㅇ)의 풀어쓰기는 자음과 모음을 초성, 중성, 종성의 형태로 모아쓰는 것이 아니라 분리하여 풀어쓰는 방식이다.

예문 (2ㅈ)의 자음 문자는 모음을 모두 생략한 채 오직 자음만을 사용하는 언어로 웃음소리와 같은 의성어를 표시할 때 주로 사용한다.

예문 (2ㅊ)의 이중 부호는 특별한 의미 없이 문장 부호를 여러 개 겹쳐 사용하는 방식이다. 글은 말에 비해 감정을 담아내기 어렵다는 점을 고려하여 적절한 문장부호를 사용하는 것은 전혀 문제가 없다.

의미 전이형

의미 전이형은 크게 '전이 완료형'과 '전이 표류형'으로 나눌 수 있는데, 전자는 다수의 지지를 받아 의미 전이가 안정적으로 끝난 상태의 말이고, 후자는 다수의 지지를 받지 못해 의미 전이가 불완전한 상태의 말을 뜻한다. 기본적으로 의미 전이형은 은어적 속성을 갖는데, 은어와 달리 비밀 보호라는 목적이 약하기 때문에 일종의 은유적인 표현으로 볼 수 있다.

(3) ㄱ. 도배(게시판에 한 사람이 연속적으로 같은 내용의 글이나 파일을 올리는 행위), 번개(갑자기 약속을 정하는 만나는 행위)
ㄴ. 집주인(운영자)

예문 (3ㄱ)의 '도배'와 '번개'는 다수의 지지를 받아 안정적으로 사용되고 있는 전이 완료형인데 반해, 예문 (3ㄴ)의 '집주인'은 다수의 지지를 받지 못해 '영자', '雨녕댜' 등 다양한 형태의 도전을 받고 있는 전이 표류형이다. 후자의 경우처럼 개성이 약한 표현은 언제든지 교체될 확률이 높다.

(4) ㄱ. 꼬리를 달아주세여...
ㄴ. 우리 홈피 꼬리를 보셈.

예문 (4)는 시간의 변화에 따라 의미가 달라진 사례로 예문 (4ㄱ)의 '꼬리'는 처음에 '답글'이란 의미로 사용되었지만, 예문 (4ㄴ)에서는 '배너 광고'로 그 의미가 바뀌었다. 이처럼 의미가 달라진 까닭은 '꼬리'라는 말이 '답글, 댓글, 리플' 등의 도전을 받아 말의 세력이 약해졌기 때문이다.

새말형

새말형은 각기 다른 방식으로 만들어진 말을 결합하여 새로운 말을 만들어내는 방식이다. 예를 들어 일상 언어와 형태 변이형을 결합하기도 하고, 형태 변이형을 형태 변이형과 결합하기도 한다. 그 때문에 새말형의 경우 단일어보다 복합어로 생성되는 경우가 많다는 것이 특징이다.

(5) ㄱ. 카페지기(가상공간의 동호회를 운영하는 사람), 품절남(이미 결혼을 했거나 임자가 있는 남자), 베이글녀(청순한 얼굴과 달리 글래머러스한 몸매의 여자)
ㄴ. 냉텅텅(특별한 내용이 없음)
ㄷ. 도배방(게시판에 연속적으로 글을 올리는 행위)

예문 (5ㄱ)은 일상 언어와 일상 언어를 결합한 형태의 새말이고, 예문 (5ㄴ)은 형태 변이형과 일상 언어를 결합한 형태의 새말이며, 예문 (5ㄷ)은 의미 변이형과 일상 언어를 결합한 형태의 새말이다.

이모티콘

이모티콘(emoticon)은 감정(emotion)과 아이콘(icon)의 합성어로 활자로는 도저히 나타낼 수 없는 사람의 감정을 표현한 이미지형 통신 언어이다. 이모티콘을 맨 처음 만들어낸 컴퓨터공학자 스콧 펠만(Scott Fahlman)은 이를 가리켜 웃음문자(smiley)라 했고, 일본에서는 얼굴문자(kaomoji)라 했지만, 좀 더 정확히 말해 '감정문자'라 하는 것이 올바른 표현이다. 약 2,000여 개에 달하는 이모티콘 가운데 대표적인 형태를 보면 다음과 같다.

<table>
<tr><th>감정</th><th>가로형</th><th>세로형</th></tr>
<tr><td>기쁨</td><td>^ ^</td><td>:)</td></tr>
<tr><td>슬픔</td><td>ㅠㅠ</td><td>: (</td></tr>
<tr><td>분노</td><td>` ´</td><td>} |</td></tr>
<tr><td>놀람</td><td>ʘ ʘ</td><td>: O</td></tr>
<tr><td>민망</td><td>^ ^;</td><td>: *</td></tr>
<tr><td>덤덤</td><td>- -</td><td>: |</td></tr>
</table>

[표 5] 기본적인 감정 표현 이모티콘

이모티콘을 사용하는 방식은 동양과 서양이 다른데, 동양은 가로형을 사용하고, 서양은 세로형을 사용한다. 이 둘의 가장 큰 차이는 눈에 초점을 맞추느냐, 입에 초점을 맞추느냐로 구분할 수 있다. 일반적으로 가로형은 세로형에 비해 이해가 빠르고, 보다 정교한 형태로 표현할 수 있다는 장점이 있다.

2. 통신 언어의 문화적 기반

오늘날 통신 언어는 논란이 전혀 없는 것은 아니지만 거스를 수 없는 자연스러운 사회 현상이자 문화로 인정을 받고 있다. 대표적인 주말 예능 프로그램인 <해피선데이>, <일밤>, <일요일이 좋다>에서 '부럽'이나 'ㅉㅉ' 등의 통신 언어를 자연스럽게 자막으로 사용하고 있는 것도 바로 이러한 시대적인 변화상을 반영한 결과라고 할 수 있다.

그렇다면 이러한 현상을 문화적으로 어떻게 해석할 수 있을까? 구현정(2002)은 통신 언어를 '언어문화의 포스트모더니즘'으로 해석한다. 미셸 푸코(Michel Foucault), 자크 데리다(Jacques Derrida), 장 보드리야르(Jean Baudrillard) 등이 주도한 포스트모더니즘이야말로 절대적 진리와 합리적 사상을 거부하면서 중심과 주변의 혼재, 패러디, 혼성모방, 콜라주 등의 테크닉을 사용한다는 점에서 통신 언어와 공통점이 많기 때문이다.

반형식주의

반형식주의는 형식을 거부한다. 형식은 자유를 억압하고, 변화를 두려워하기 때문이다. 정신사적 흐름으로서 반형식주의를 지향하는 포스트모더니즘은 총체성을 지향하는 거대구조로부터 벗어나려 하고 과거의 형식으로부터 탈피하려 한다. 하지만 완전히 단절되는 것은 아니다. 과거의 형식을 현재에 맞게 변형시키는 '과거의 현존' 기법을 사용하기 때문이다. 이는 예술에서 알레고리, 이중기호화, 패러디 등 새로운 규칙으로 나타난다.

기본적으로 통신 언어는 끝없는 자유와 변화를 꿈꾼다. 띄어쓰기를 무시하고 맞춤법을 조롱한다. 전통적인 언어 규범을 의도적으로 해체한다는 점에서 통신 언어는 포스트모더니즘의 반형식주의와 맥을 같이 한다. 하나의 표기가 만들어지기 무섭게 새로운 표기가 등장한다. '남친'이 '남칭, 남틴, 남띤, 남튄, 남띈'으로, '얼짱'이 '얼짱'으로 끝없이 패러디된다.

형식을 파괴하는 것은 발전의 원동력이 될 수 있지만 내용까지 파괴하는 것은 바람직하지 않다. 적어도 통신 언어는 예술이 아니라 대화이기 때문이다.

전통의 거부

포스트모더니즘은 전통의 절대성을 배격한다. 다시 말해 전통을 그대로 답습하지 않고 색다른 방식으로 새롭게 변형시키려고 노력한다. 세상의 모든 경계를 허물고, 상대주의와 다원주의의 가치를 존중한다. 그로 인해 엘리트 고급 예술과 대중문화, 전통과 현대가 병렬적, 수평적, 평등적 공간에서 공존할 수 있게 되었다.

기본적으로 언어는 음성(signifiant)과 의미(signifie)의 관습적인 결합체이다. 포스트모더니즘은 이러한 대응 관계를 순순히 받아들이지 않는다. 음성과 의미의 만남을 지연시키고, 미끄러지게 만든다. 통신 언어의 특징인 언어의 변화, 즉 맞춤법을 파괴하고, 문장부호를 변형하거나 은어를 사용하는 것은 전통적인 언어 질서를 부정함으로써 새로운 가치를 만들어내는 창조적인 행위로 볼 수 있다.

다양성의 추구

포스트모더니즘은 획일성과 통일성을 거부하고, 탈중심의 다양성을 추구한다. 현실의 파편성과 불확실성을 전제로 모든 형식적 억압으로부터 탈출을 꿈꾼다. 상투적인 코드 안에 갇히는 것을 경계하며, 개인의 고유성을 지키면서 다양한 형식적 실험을 통해 자신에게 맞는 코드를 창조하려 한다.

표준어의 권위를 인정하지 않고 다양한 언어 형식을 실험하면서 이모티콘까지 사용한다는 점에서 볼 때, 통신 언어는 포스트모더니즘의 다양성 추구라는 특징으로 설명할 수 있다. 이와 관련하여 표현의 다양성은 확보했지만 그에 상응하는 사상의 다양성을 확보하지 못했다는 지적이 있다. 즉, 표현의 혼란은 사고의 혼란에서 기인하며, 철학의 부재가 문제라는 것이다.

차별성의 강조

디지털 문명에 길들여진 사람을 가리키는 말은 많지만, 그중에 '퀵백(Quick Back)' 세대라는 말만큼 그들을 잘 표현하는 말도 드물 것이다. 그들은 기다리지 않는다. 즉흥적이고 즉각적이며 즉물적이다. 그래서 유희적이며 동시에 창의적이다. 인터넷 세대가 기존의 가치와 전통을 무시하고 남들과 전혀 다름을 추구하는 성향을 가지고 있는 것은 그 때문이다. 그들은 익숙함에 싫증내고 새로움에 미혹된다.

지배적 권위를 거부하는 포스트모더니즘의 가치 체계에는 절대적인 것이 없다. 상대적이고 다원적인 관계에 의해 차이를 인정한다. 따라서 모든 가치는 상대적인 교환가치에 의해 결정된다. 어떤 것이 더 많은 교환가치를 갖기 위해서는 다른 것과 차별성을 유지해야 한다. 역시 인터넷 언어의 다양한 표기 방식들은 그들만의 언어 유희적인 것으로서 이것을 사용하는 계층들의 의식 속에는 그들만이 다른 문화를 가지고 있다는 공감대가 형성되어 있다고 해석된다. 이는 곧 포스트모더니즘의 차별성 강조의 한 현상으로 파악되는 것이다.

3. 통신 언어의 문제점

한국정보화진흥원(2012)의 조사에 따르면 우리나라 10~20대 청소년의 인터넷 이용률은 99.9%이다. 이처럼 인터넷 이용이 일상화된 청소년을 중심으로 '어른 중심의 문화'를 압도하는 현상이 나타나고 있는데, 문제는 윤리적 측면에서 10대 청소년의 인터넷 일탈행동이 다른 연령대보다 심하다는 것이다. 아울러 2011년 현재 청소년 인터넷 중독 비율은 18만 7천 명에 이르며, 10대 청소년의 심리적 불안, 학업능력 저하, 사이버 폭력 및 범죄 등의 부작용이 날로 심화되고 있다.

그런데 이보다 더 심각한 문제는 소통의 단절이다. 언어는 사회적인 약속의 산물로 언어 사용자의 의미 공유가 전제되어야 한다. 그런데 예를 들어 '민주화'를 부정적인 뜻을 가진 것으로 인식하며 사용한다면 어떻게 다양한 가치를 가진 사람들이 서로 충돌하지 않고 의사소통을 할 수 있겠는가? 아울러 온라인 공간에서 사용하는 통신 언어를 오프라인 공간에서 무분별하게 사용한다면 어떻게 되겠는가? 이는 병원 밖에서 의사인 아빠가 화장실을 가겠다는 아들에게 "유린

(urine) 마려워, 스툴(stool) 마려워."라고 말하지 않는 것과 같은 이치이다. 언어는 장소를 가려서 사용해야 한다.

언어학자인 마거릿 맥마누스(Margaret A. McManus)는 언어를 인성의 표상이라고 정의하며 "잘못된 문법을 사용하는 것은 자세가 잘못된 것보다 더 나쁘다. 잘못된 자세는 육체적인 나약함을 반영한 것에 불과하지만 잘못된 문법은 정신적인 나약함을 반영한 것이기 때문이다."라고 말했다. 언어가 치밀하지 못하면 생각도 치밀하지 못하다. 말로 제대로 표현할 수 없다면 생각이 아직 충분히 여물었다고 말하기 어렵다. 통신 언어의 창의적 속성은 인정할 수 있다고 하더라도 그 유희적 속성이 자칫 생각을 망칠 수 있다는 점을 기억해야 한다.

지금까지 살펴보았듯이 통신 언어는 새로운 문화라는 점에서 의의를 갖는다. 따라서 통신 언어가 더 이상 '그들만의 언어'가 아닌 '우리의 언어'라는 점을 인식해야 한다. 통신 언어로 인해 나타날 수 있는 모든 문제는 결국 우리의 문제라는 점에서 적극적으로 대응해야 한다. 이를 위해 네티켓에 앞서 에티켓이 바로 서야 하므로 언어 교육과 언어 예절 교육이 병행되어야 한다.

■ 토의거리 ■

1. '즐'의 의미가 처음에는 인사말의 형태로 쓰이다가 나중에 조롱하는 말로 바뀌게 된 까닭은 무엇일까?
2. 오프라인 상에서 통신 언어를 사용하는 것에 대해 찬성하는가, 반대하는가?

■ 읽을거리 ■

구현정. 2002. 통신언어-언어 문화의 포스트모더니즘. 국어학 39. 국어학회.

김형주 외. 2002. 훈민정음과 문자론. 역락.

박동근. 2001. 통신언어의 유형에 따른 언어학적 기능 연구. 어문학연구 10. 상명대학교.

서은아. 2007. 글쓰기로써 말하기 또는 네티즌의 펌글, 댓글, 악플, 아이디 그리고 이모티콘의 언어학적 분석. 커뮤니케이션북스.

이애라. 2000. PC 통신의 대화 언어가 국어 생활에 미치는 영향. 국어교육연구 13. 광주교육대학교 초등국어교육학회.
이정복 외. 2000. 바람직한 통신 언어 확립을 위한 기초 연구. 문화관광부.
이정호. 1995. 포스트모던 문화 읽기. 서울대학교출판부.
정보통신부 한국전산원. 2001. 한국 인터넷 백서.
한국정보화진흥원. 2010. 2010 국가정보화백서. 한국정보화진흥원.

제10장

사회적 담론으로 사회 들여다보기

'담론'이란 무엇일까? 오늘날 이 말은 단순히 이야기를 주고받는다는 사전적인 정의를 넘어서 개인적 혹은 집단적 철학의 총체란 의미로 사용되고 있다. 다시 말해 담론은 개인적 차원의 단순한 발화가 아니라 사회적 맥락 안에서 그 의미가 생성되고 유지되며 확산되는 발화의 집합체를 가리키는 말이다. 흔히 여성은 태어나는 것이 아니라 만들어진다는 말이 있는데, 이 말은 우리 사회의 성담론에 관한 문제제기라고 할 수 있다.

본질적으로 담론은 사회적이다. 거대 담론이든 미시 담론이든, 정치 담론이든 경제 담론이든 결국은 언어를 매개로 사회적 이슈를 다룬다는 점에서 사회적 담론이라고 할 수 있다. 그렇다면 누가 사회적 담론을 만들어내는가? 철학자 미셸 푸코(Michel Foucault)의 말처럼 우리의 인식 구조에 지대한 영향을 미치는 사회적 담론은 대부분 커뮤니케이션 매체를 통해 형성된다. 지난날에는 권력을 가진 엘리트 지식인이 대중매체를 이용해 사회적 담론을 주도했다면 오늘날에는 SNS와 인터넷을 통해 탈중심적으로 사회적 담론이 형성되고 있다.

컴퓨터 통신과 핸드폰 통신의 발전을 정보통신혁명이라고 부르는 까닭은 그로 인해 우리의 삶이 눈에 띄게 달라졌기 때문이다. 그 대표적인 사례로 무료 동영상 공유 사이트인 유튜브(YouTube)를 통해 가수 싸이가 월드스타가 되었는가 하면, K-Pop 열풍이 아시아를 넘어 전 세계로 확산될 수 있었다. 게다가 이제는 누구라도 담론의 생산자가 될 수 있는 여건이 조성되었다. SNS를 통해, 게시판을 통해, 댓글을 통해 실시간으로 자신의 생각을 표현하는 일이 가능해졌기 때문이다.

이와 관련하여 인텔의 수석 부사장을 역임한 윌리엄 데이비도우(William H. Davidow)는 오늘날 우리 사회를 가리켜 '과잉연결사회'라고 진단한다. 즉, 연결 과잉으로 인해 갖가지 사회 문제가 발생한다는 것이다. 그만큼 인터넷 공간에서 우리는 촘촘하게 연결되어 있다. 이 장에서는 인터넷을 중심으로 전개되고 있는 사회적 담론을 통해 우리 사회의 일면을 살펴보기로 한다.

1. 사회적 담론의 탄생과 문제점

지금 이 순간 지구촌에는 어떤 일이 일어나고 있을까? 2013년 8월 25일 현재, 스위스의 산골마을 안데르마트에는 고급 리조트가 한창 건설 중인데, 시리아의 수도 다마스쿠스에는 정부군이 화학 무기를 사용하여 수백 명의 민간인이 목숨을 잃었고, 대한민국에서는 두 전직 대통령의 추징금 환수 문제로 연일 시끄럽다.

그것이 전부일까? 그렇지 않다. 지금 이 순간 누군가는 태어났고, 또 누군가는 세상을 떠났다. 하지만 그것이 우리 모두의 관심사가 되지는 않는다. 그렇다면 지금 이 순간 우리 모두의 관심을 끄는 사건은 무엇일까? 그것은 우리와 세상을 중재함으로써 우리의 시선을 한군데로 끌어 모을 수 있는 힘을 가진 대중매체에 달려 있다.

그들이 선택한 뉴스가 곧 우리 모두의 관심사가 된다. 이와 관련하여 언제부터인가 '포털 뉴스'가 주목을 받기 시작했다. 텔레비전 뉴스나 신문과 달리 포털 뉴스는 실시간으로 쌍방향 소통이 가능하기 때문이다. 더군다나 뉴스의 유통이 매우 빠르다. 구글의 'HOT 토픽', 네이버의 '핫토픽 키워드', 다음의 '실시간 이슈'는 초 단위로 바뀐다. 심지어 특정 사건이 진행되는 도중에도 관련 뉴스가 올라온다.

그런데 문제는 포털에 소개되는 대부분의 뉴스가 자극적이고 선정적이며 해프닝에 불과하다는 데 있다. 그냥 지나칠 수도 있는 문제를 우리 모두의 관심사로 만들기도 하고, 그러는 사이에 정작 중요한 뉴스가 우리의 관심 밖으로 밀려나기도 한다. 포털 뉴스가 댓글을 통해 확대·재생산되는 과정에서 감정의 분출, 즉 찬성과 반대라는 이분법적 대응만이 눈에 띈다는 것도 문제이다. 상대의 생각을 존중하는 것이 아니라 자신의 생각과 다르면 욕설과 비난을 사용하며 극단적인 결론으로 치닫는다.

> (1) ㄱ. 솔직히 티아라는 잘못한거 없거든요? 진짜 어이없어 위에 영상을 코로 봤나 ㅋㅋ 티아라가 진리!
> ㄴ. 다나와서진실진실하는데어짜피본인들밖에모르는사실인거같구 티아라첨부터썩정감안가던데 아니나달라..쯧쯧.. 나이도하나둘도아닌데 나이값못하는거지 뭐하러연예인됀건지..

예문 (1)은 2012년 8월 9일 다음 아고라에 올라온 '티아라 왕따 사건의 진실'이라는 제목의 글에 붙은 댓글이다. 예문 (1ㄱ)은 티아라를 옹호하고 있고, 예문 (1ㄴ)은 티아라를 비난하고 있는데, 두 글의 공통점은 주장만 있지 객관적인 근거가 부족하다는 점이다. 다분히 감정적인 성격이 강한 글이라고 할 수 있다. 이런 식으로는 아무도 설득할 수 없을 뿐만 아니라, 논란이 되고 있는 문제를 발전적으로 논의하기도 어렵다.

> (2) 까페는 보통명사다. 보통명사라 함은 누구나 일반적으로 쓸 수 있다는 말이다. 까페라는 말을 daum에서 전세 냈나? 어쨌건 궁극적으로 회사경영 곧 돈이 걸린 문제니깐 소송까지 하는구나. 참 어이없군. 독점보다는 경쟁이 낫다. 네이버가 까페까지 운영하는 꼴 보기 싫으면, 다음에서도 네이버처럼 뉴스 제공이나 포탈기능까지 같이 하면 된다. 뉴스 제공이나 포탈기능을 네이버에서 전세 낸 것도 아니고, 또한 까페는 오로지 다음에서만 독점 제공하여야만 하는 것은 아니라고 본다.
> 인터넷 콘텐츠에 관한 한 독점체제는 발전이 없고, 다양한 네티즌의 욕구를 충족시키지 못한다고 본다. 경쟁이 낫다. 네이버에서 까페까지 운영하는 것은 전혀 문제될 게 없다고 본다.

예문 (2)는 2004년 2월 4일 한겨레 커뮤니티 자유토론방에 올라온 글이다. 이 글은 예문 (1)과 같이 감정을 직접적으로 드러내고 있지만, 최소한 자신의 주장에 대한 객관적인 근거를 제시했을 뿐만 아니라 이분법적 오류를 범하지도 않았다.

다만 상대를 조롱하는 듯한 말투는 갈등을 고조시킬 수 있으므로 고쳐야 한다.

(3) 위 문단에서 기자님께서는 미수정 난자가 한 달에 10~15개가 배출된다고 말씀하셨습니다. 제가 알기로는 10~20개 정도의 난자가 난소에서 성숙되고 이중 단 한 개만이 선택되어 배출되는 것으로 알고 있습니다. 즉 실험을 할 수 있는 탄탄하고 완전하게 배출되는 미수정 난자는 1개라는 말씀이지요. 만약에 기자님이 말씀하신 것처럼 한 달에 10개~15개의 난자가 배출된다면... 새끼를 떼로 낳는 동물과 다름이 없는 것 아닌가요?? 문장이 오해의 소지가 있는 것 같습니다. 제 생각에는 1년에 10개~15개라고 말씀하시려던 것이 오타가 된 것이 아닌가 생각됩니다. 정확한 답변 부탁드립니다.

예문 (3)은 2004년 2월 13일 한겨레 커뮤니티 자유토론방에 올라온 글이다. 이 글은 상대의 주장을 반박하는 과정에서 질문의 형식을 취함으로써 상대의 체면 위협을 최소화하고 있으며, 적절한 높임법을 사용하는 등 기본적인 대화 예절을 지키고 있다. 무엇보다 상대의 실수나 잘못을 비난하지 않고 바로잡을 수 있는 기회를 제공하고 있다는 점에서 성숙한 대화 자세를 보여주고 있다. 바로 이러한 점을 본받는다면 우리 사회의 인터넷 담론은 더욱 바람직한 형태로 발전할 수 있을 것이라고 본다.

2. 사회적 담론에 드러난 의식

인터넷 공간에서 사용하는 말 중에 '너무너무'라는 말의 형태 변이형으로 '노무노무'라는 말이 있다. 그런데 이 말을 함부로 사용해서는 안 된다. 무심코 사용했다가는 '일베충'이라는 비난을 듣기 십상이다. 설령 일베 회원이 아니라도 인터넷 공간에서는 변명이 통하지 않는다. 이와 관련하여 요즘 인터넷 공간에서는 연예인 일베충 논란이 끊이지 않고 있다. 도대체 왜 이런 일이 생긴 걸까?

소설가 박완서는 "옛날에는 빨갱이로 몰릴까 입 다물고, 요즘에는 보수로 몰릴까 말 못해요."라는 말을 한 적이 있다. 그만큼 우리 사회는 나와 생각이 다른 사람에 대한 이해가 관대하지 않다. 나와 처지가 다른 사람에 대한 이해도 마찬가지다. 우스운 말처럼 들리겠지만 부계를 친가(親家)라 하고, 모계를 외가(外家)라 하는 것을 보면, 그 말 속에서 친가 쪽의 차별 의도를 읽어낼 수 있다. 이를 통해 아직까지 우리 사회는 차이를 존중하기보다 차별하는 수준에 머물러 있음을 알 수 있다.

이러한 연장선상에 '일베' 논란이 자리를 잡고 있다. 사실 '일베'란 '일간 베스트 저장소'의 약어로 유머 중심의 인터넷 커뮤니티의 이름이지만, 젊은 층을 중심으로 극단적인 보수주의 성향을 가진 사람들이 모이는 곳이라는 이미지가 더 강하다. 여기에서 비난의 대상은 보수주의가 아니다. 표창원 전 경찰대 교수는 <보수의 품격>이라는 책에서 '좌빨'이라는 공포 마케팅을 만들어낸 사람들을 품격 없는 보수주의자라고 규정하는데, 바로 그들이 비난의 대상이 된다. 마찬가지의 논리로 품격 없는 진보주의자도 비난을 피하기 어렵다. 따라서 비난의 대상은 보수냐 진보냐를 떠나 품격 없는 사람들이지 '노무노무'라는 말을 사용하는 사람이 될 수는 없다. '노무노무'라는 말을 단지 '너무너무'의 변이형으로만 사용하는 이들도 있기 때문이다.

(4) 유엔, 시리아 '훌라학살' 규탄…사망 108명
안보리 긴급회의서 성명…어린이 49명·여성 34명 포함 시리아 정부는 "반군 소행"이라며 책임 전가

(5) 다음 졸라웃긴다.. 어린이와 여성마저 무차별 학살 어째?? 남자놈들은 무차별 학살해도 괜찮고 여자님은 안된다는 거냐? ㅉㅉ 학살이면.다같이.안되는거고 민간인이면 민간인이지 남자민간인은 2등민간인이고. 학살당해도 되는 민간인인가? 군인학살도 안되는 마당에 표현을 어처구니없게 해놨네 같은 말이라도 아다르고 어다른 법이거늘...노약자의 희생을 강조하는 표현이라도 개떡같이 적어놨네

예문 (4)는 2012년 5월 28일 미디어다음에 소개된 연합뉴스 기사 표제와 기사 요약 내용이다. 아울러 예문 (5)는 이 기사에 달린 댓글이다. 아마도 이 댓글을 단 남성은 모두 108명이 죽었는데, 기사 요약 내용에 어린이 49명과 여성 34명에

대해서만 언급을 하고, 나머지 25명에 대해 언급하지 않은 부분과 관련하여 남성 차별이라는 생각을 한 모양이다.

여기에서 좀 더 생각해볼 문제는 왜 어린이를 여성보다 앞세웠는가 하는 점이다. 그것은 여성을 차별하기 위한 의도가 아니라 우리 사회가 암묵적으로 인정하고 있는 사회적 약자의 순서가 적용된 것으로 볼 수 있고, 희생자가 많이 나온 계층에 초점을 맞춘 것으로 볼 수도 있다. 그런데도 굳이 남녀차별을 떠올린 까닭은 무엇일까? 단정하기는 어렵지만 여성의 권리가 점차 신장되면서 남성들이 느끼는 상대적인 위기감에서 비롯된 것인지도 모른다.

> (6) 한국사회는 민주주의의 꽃인 토론문화를 꽃피우지 못했다. 공익과 진실의 목표를 놓고 합리적 논거로 경쟁하는 대신, 상대방을 부정하고 물리적 힘과 권위로 억압해 왔기 때문이다. 힘의 논리가 계속 관철되면서 사회적 모순들은 온존되었고 민주주의의 발전은 지체되었다. 실제로, 힘의 논리가 관철되고 권위주의가 판치는 땅에서 토론은 설자리가 없다. 한국사회에서 토론문화의 부재는 당연하다. 정치, 사회, 경제, 문화의 모든 부분에서 권력과 자본, 그리고 각종 권위에 의해 민주주의적 의사 결정과정이 생략돼왔다. 힘과 권위를 가진 자들은 대화와 설득을 통해 사회적 합의를 이루는 토론과정을 불필요한 과정으로 여긴다. 그리하여, 토론문화 대신에 힘과 권위를 가진 자들의 '독선'과 '빨리빨리'주의가 만연하게 되었다.

예문 (6)은 홍세화가 2002년 12월 30일 '한국사회 토론 전문가 원탁포럼'에서 발표한 원고의 도입 부분이다. 그의 지적처럼 한국의 토론 문화는 아직 성숙한 단계에 이르지 못했는데, 이러한 현실은 사회적 담론에도 그대로 반영된다. 어쩌면 인터넷에서는 담론다운 담론을 찾아보기 어려울지도 모른다. 한 사건에 대해 이렇게도 살펴보고, 저렇게도 살펴보며 이해의 폭을 넓혀야 하는데, 그러한 과정을 거치는 대신에 감정을 앞세우고 목소리부터 높이는 사람이 많기 때문이다.

사실 우리가 뉴스를 통해 접하는 사건들은 그 인과관계가 결코 단순하지 않다. 다양한 이해관계가 복잡하게 얽혀 있기 때문에 한마디로 단언하기 어렵다. 동일한 사건이라도 관점에 따라 전혀 다른 해석이 나오는 것은 그 때문이다. 이와 관련하여 김슬옹(2003)은 유시민 의원의 캐주얼 복장 파문 댓글을 분석하였다.

찬성쪽 관점	반대쪽 관점
1. 고정관념을 깨는 일이므로 신선하다. 2. 권위주의에 대한 도전이다. 3. 자유주의 실천이다. 4. 진보와 개혁의 표상이다.	1. 의도된 돌출 행동이다. 2. 예의에 어긋난다. 3. 국회나 국민에 대한 모독이다. 4. 관례를 깨는 것이 진보는 아니다.

[표 5] 유시민 의원 캐주얼 복장 파문과 관련된 댓글 정리

찬성쪽 댓글과 반대쪽 댓글을 정리하면 [표 5]와 같다. 이중에 일부는 논리적인 설득 구조를 갖추고 있지만 대부분은 그렇지 못하다. 같은 사건을 놓고도 이렇게 생각이 다른 것이다. 이 중 어떤 생각이 옳은지는 알 수 없다. 다만 이렇게 생각이 다를 수 있다는 것을 인정하는 것이 중요할 뿐이다.

그런데 아쉽게도 익명성이 전제되는 인터넷 공간에서는 근거 없는 이분법적 사고가 만연하다. 온갖 편견에 사로잡혀 있고, 쉽게 흥분하며, 자신과 생각이 다른 사람을 가차 없이 공격한다. 확인되지 않은 루머를 퍼뜨리거나 타인의 사생활을 소재로 독설을 퍼붓고 험담을 늘어놓는다. 이런 사람들을 가리켜 키보드 워리어(keyboard warrior)라고 하는데, 이들의 등장배경은 인터넷 공간이라는 특수성에 근거한 것이기도 하지만, 동시에 우리 사회가 그만큼 정신적으로 황폐하기 때문이기도 하다.

기본적으로 이들의 심리 밑바닥에는 상처가 존재한다. 즉, 심리적인 외상으로 인해 공감능력과 자존감이 손상되어 감정을 과장하는 것이다. 일상 속에서 감동의 부재를 경험할수록 더 극단적으로 행동하게 된다. 서울대 심리학과 곽금주 교수는 이들의 심리를 자신의 상태를 알리고자 하는 과시욕과 사람들의 반응을 끊임없이 확인하고 싶어 하는 관음증에 근거한다고 분석한다.

긍정적인 생각은 긍정적인 말을 낳고, 이성적인 사고는 논리적인 말을 낳는다. 예의바른 사람은 말도 예의바르게 한다. 사회에 대한 애정이 있는 사람은 공통의

화제나 관심사에 대해 무관심하지 않다. 그것이 시작이다.

3. 바람직한 담론 문화의 형성

우리는 언어로 생각의 집을 짓는다. 누군가는 이성의 집을 짓고, 또 누군가는 감성의 집을 짓는다. 문학 수업이 재미있었던 사람과 논술 수업이 재미있었던 사람의 집은 다르다. 문학 수업에서는 언어를 서정적, 감성적, 낭만적으로 다루는 법을 가르치고, 논술 수업에서는 언어를 논리적, 체계적, 논증적으로 다루는 법을 가르치기 때문이다. 그렇다면 언어를 다루는 법을 배우지 못한 사람들은 어떨까?

언어는 굳이 다루는 법을 배우지 않아도 사용자의 입장에서 불편한 점이 많지 않다. 하지만 상대방의 생각은 다르다. 언어를 잘 다루는 사람의 말을 듣거나 글을 읽을 때와 그렇지 못한 사람의 말을 듣거나 글을 읽을 때, 분명히 다른 느낌을 받는다. 특히 후자의 경우 생각을 제대로 다루지 못해 편견에 사로잡히거나, 감정을 제대로 주체하지 못해 폭발하는 일이 잦을 것이다.

따라서 언어를 잘 다루기 위해서는 교육이 필요하다. 이를 위해 편협한 생각의 울타리에서 벗어나 상대방을 이해하려는 마음을 가져야 한다. 이때 선입견을 가장 경계해야 한다. 선입견은 존재의 참모습을 밝히는 데 장애가 될 뿐이다. 생각의 낡은 껍질을 벗고 객관적으로 바라보는 힘을 길러야 한다. 음식을 만드는 일을 오랫동안 하면 음식 냄새에 무감각해지듯, 사람은 어떤 상황에 오래 처해 있으면 타성에 젖어들게 된다. 바둑을 둘 때도 바둑을 두는 사람보다 옆에서 훈수를 두는 사람이 판세를 더 정확하게 읽는 법이다. 조금이라도 객관적인 위치에 서 있는 사람의 눈에만 진실이 보이기 때문이다. 자신이 쳐 놓은 생각의 울타리에 갇히는 순간, 눈뜬장님이 되고 만다. 생각은 물처럼 흘러야 썩지 않는다.

아울러 논리적으로 생각하고 논리적으로 표현할 수 있어야 한다. 논리적으로 생각한다는 것은 사건의 선후관계와 인과관계를 명확하게 이해한다는 말이고, 논리적으로 표현한다는 것은 적절한 용어를 선택하여 정확하게 의미를 전달한다는 말이다. 이 과정에서 사고와 표현이 굴절될 수 있다는 것을 염두에 두어야 한다. 아리

스토텔레스의 말처럼 언어적 허위에도 빠지지 말아야 한다. 애매함의 허위, 결합의 허위, 분해의 허위, 강조의 허위, 다의(多義)의 허위, 비유의 허위 등이 그것이다. 이와 관련하여 논리학에서는 이성적인 언어를 구사하기 위하여 다음과 같은 내용의 언어 훈련을 강조한다.

(7) ㄱ. 구체적으로 생각한다.
ㄴ. 관점을 바꾸거나 입장을 바꿔놓고 생각한다.
ㄷ. 따져보고 되물어보고 정리하고 비평한다.
ㄹ. 필연적인 연관성을 추론한다.
ㅁ. 비약을 피한다.
ㅂ. 모순을 피한다.
ㅅ. 지성의 언어를 사용한다(모호한 표현을 사용하지 않고 명확하게 표현한다. 아울러 사실과 추론을 구분한다).

이를 염두에 두면 논리적으로 생각하는 능력을 기를 수 있다. 생각을 논리적으로 한다는 것은 매우 중요하다. 논리적이란 도리에 맞아 정당하며 합리적인 것을 의미한다. 역으로 비논리적이라는 말은 사고에 모순이 있거나 지나친 비약이 있고, 주관이 지나쳐 객관성을 잃어버린 경우이다.

인터넷을 중심으로 형성되는 사회적 담론은 그 파급 효과가 매우 크다. 담론이 형성되고 전파되는 속도가 매우 빠를뿐더러 그 범위가 폭넓게 작용하기 때문이다. 따라서 네티켓의 부재로 악플이 만연한 현재 상황을 결코 가볍게 넘겨서는 안 된다. 그로 인해 수많은 사람들이 가슴에 상처를 입고 있으며, 일부는 자살을 선택하고, 또 일부는 살인을 저지르기도 하기 때문이다.

■ **토의거리** ■

1. 진보 진영에서는 '노동자'라는 단어를 선호하고, 보수 진영에서는 '근로자'라는 단어를 선호한다. 그 이유를 생각해보고, 그와 비슷한 예를 찾아보자.

2. 포털에 실시간 이슈로 올라오는 키워드의 특징을 살펴보자.

■ 읽을거리 ■

구현정. 2002. 통신언어-언어 문화의 포스트모더니즘. 국어학 39. 국어학회.

김슬옹. 2003. 시사논술, 겹눈으로 세상 보기. 신동아 11월호. 동아일보사.

박원홍. 1997. 먼저 귀를 크게 열어라. 샘터 28-9. 샘터사.

최혜실. 2003. 광장에서 글쓰기. 신동아 11월호. 동아일보사.

한상기 옮김. 1994. 논리적 사고(퍼틸. 1970). 서광사.

현용수. 2004. 재미 교육학자의 자녀교육 성공노하우. 신동아 2월호. 동아일보사.

제11장

노래 가사로 사회 들여다보기

대중가요의 노래 가사에는 작사가의 개인적인 경험과 상상만 녹아 있는 것이 아니다. 그 시대, 그 사회의 문화적 경험과 상상이 고스란히 반영되어 있다. 따라서 대중가요를 역사적으로 훑어보면 그 시대를 이해할 수 있고, 그 사회를 이해할 수 있다. 물론 쉬운 일은 아닐 것이다. 하지만 시대별로, 주제별로 대중가요의 노래 가사를 종합하고 분류하다 보면 눈에 띄는 현상이 목격될 것이다.

실례로 1960년에 발표한 한명숙의 '노오란 샤쓰의 사나이'는 남자들이 기피하던 노란색 셔츠를 전국에 유행시킴으로써 패션 산업에 일대 변화를 가져왔고, 1963년에 발표한 남일해의 '빨간 구두 아가씨'는 당시 유흥업에 종사하는 여성의 상징처럼 여겨졌던 빨간색을 모던걸의 상징으로 바꾸는 계기가 되었다. 즉, 노래 가사가 현실의 변화를 반영하는 데 그친 것이 아니라 현실의 변화를 주도한 것이다.

따라서 음악은 단순히 기분을 전환하는 힐링의 도구가 아니라 그 이상의 의미를 갖는다. 때로는 사람과 사람의 소통을 돕는 도구가 되기도 하고, 때로는 아무것도 강요하지 않기에 그 어떤 말보다 힘이 있는 연설이 되기도 한다. 노래 가사를 매개로 가수의 이야기에 빠져들어 그의 이야기를 나의 이야기로 받아들이기도 한다. 이것이야말로 음악의 최대 강점이라고 할 수 있다. 그런 점에서 80년대 이후 영상 세대에 의해 주도되고 있는 노래 가사의 멜로디 종속화는 아쉬운 일이 아닐 수 없다.

이와 관련하여 이 장에서는 대중가요를 주제별로 '사랑을 노래하다, 이별을 노래하다, 인생을 노래하다, 사회를 노래하다' 등으로 나누어 살펴보고자 한다. 이를 통해 우리들이 생각하는 사랑과 이별, 인생과 사회의 의미가 시대별로 어떻게 바뀌어 왔는지 구체적으로 짚어볼 것이다.

1. 사랑을 노래하다

'사랑'의 역사는 짧지 않다. 사랑은 인류의 탄생과 함께 등장했으며, 사랑을 표현한 시와 노래는 문학의 역사와 음악의 역사에서 각각 첫 장을 장식하고 있다. 학교에서 제일 먼저 배우는 고대 시가가 사랑과 이별을 노래한 '구지가'와 '황조가'라는 사실은 결코 우연이 아닐 것이다.

시가 문학뿐만 아니라 대중가요에서도 '사랑'은 가장 인기 있는 주제이다. 인간의 가장 기본적인 본능이자 주체할 수 없는 에너지에 근거한 감정이므로 누구나 사랑을 노래하지 않을 수 없는 것이다. 사랑으로 인해 기쁘기도 하지만 슬프기도 하고, 그리움과 기다림으로 밤을 지새우기도 한다. 사랑에서 인간의 모든 감정이 싹트는 것이다.

(1) 봄이 가고 구름 밑에 낙엽이 지고 또 지고
온다하던 그 날은 수없이 지나가 버렸네.
젊은 날에 내 청춘도 지나가 버렸건만은
변함없는 내 사랑은 오늘도 기다려지네.

예문 (1)은 1968년에 발표한 펄시스터즈의 '님아'라는 노래 가사이다. 이 노래에 등장하는 여자는 젊은 날이 다 가도록 소식 한 장 없이 오지 않는 남자를 하염없이 기다린다. 그쯤 되면 원망하는 마음이나 서운한 마음이 생길 법도 한데, 전혀 아랑곳하지 않고 변함없는 마음으로 기다린다.

(2) 사랑한다 말할까 좋아한다 말할까
아니야 아니야 난 싫어. 나는 여자이니까

만나자고 말할까 조용한 찻집에서
아니야 아니야 말 못해. 나는 여자이니까
사랑한단 말 대신에 웃음을 보였는데 음~
모르는 체하는 당신 미워 정말 미워 음~

예문 (2)는 1976년에 발표한 심수봉의 '여자이니까'라는 노래의 가사이다. 이 노래에 등장하는 여자는 단지 자신이 여자라서 사랑하는 남자에게 좋아한다는 말도, 만나자는 말도 하지 못한 채, 그저 미소만 짓고 있다. 그렇다면 남자는 어떨까? 남자는 그런 여자의 마음을 아는지 모르는지 그저 모른 체할 뿐이다. 이것이야말로 70년대 남녀의 사랑법이라고 할 수 있다.

(3) 그대를 만나면 이렇게 몹시 떨리는 것은 하이얀 사랑일까
미소 띤 그대 모습만 난 바라봐도 이렇듯 설레
그러나 내 마음 속의 그 말 할 순 없잖아.
붉어진 나의 얼굴도 나 그대 모습 볼 순 없어요.
하지만 난 그대 숨소리로 사랑 느껴요.

이러한 흐름은 80년대가 되어서도 크게 달라지지 않았다. 예문 (3)은 1988년에 발표한 푸른 하늘의 '하얀 사랑'이라는 노래의 가사이다. 이 노래에 등장하는 여자도 상대의 얼굴을 똑바로 쳐다보지 못하고 그저 얼굴만 붉힌 채, 자신의 마음속에 있는 말을 차마 꺼내지 못하고 있다.

(4) 이젠 내 사랑이 되어줘 내 모든 걸 너에게 기대고 싶어.
언제나 나를 지켜줄 너라고 변치 않는 영원한 사랑을 약속해줘.
내게 자신 없는 듯 니 사랑을 감추며 돌아서지마.
불안한 네 미래도 앞선 걱정일 뿐이야.
좀 더 나은 모습에 니가 되길 바라는 욕심은 없어.
지금에 사랑이면 난 정말 행복해.

그러다가 90년대에 와서는 80년대와 사뭇 다른 모습을 보인다. 예문 (4)는 1999

년에 발표한 핑클의 '영원한 사랑'이라는 노래의 가사이다. 이 노래에 등장하는 여자는 불투명한 미래 때문에 자신에게 다가오지 못하고 돌아서는 남자에게 그런 것은 상관없다며 자신의 사랑을 적극적으로 고백한다. 90년대는 80년대에 비해 사랑을 표현하는 방식이 좀 더 구체적이고 적극적이다. 80년대의 노래 가사가 서정적인 비유에 기댄다면 90년대 노래 가사는 좀 더 현실적이다. 또한 혼자 애태우는 독백이 아니라 상대방에게 적극 구애하는 쪽의 가사가 많다.

(5) 이제 맘 편해졌어. 누구도 사랑하지 않기로 한 거야.
항상 상처뿐인데 구속 따윈 필요없어.
이제부터 늦더라도 아무 부담 없어 애써 전화보고 할 일도 없잖아.
누굴 만나든지 어디를 가든지 이젠 내 맘대로 야
다가라 Hey Boys 다신 내 삶을 사랑이란 말로 가둬두지 마.

2000년대의 노래 가사는 더욱 노골적이다. 예문 (5)는 2001년에 발표한 엄정화의 '다 가라'라는 노래의 가사이다. 이 노래에 등장하는 여자는 사랑을 상처뿐인 감정이라고 말하며 남자의 사랑을 구속이라고 표현한다. 모든 노래에서 사랑을 이렇게 정의하는 것은 아니지만, 적어도 사랑에 대한 생각이 바뀐 것은 분명하다.

2. 이별을 노래하다

비유컨대 이별은 사랑의 사생아라고 할 수 있다. 사랑이 죽어야만 이별이 태어나기 때문이다. 그러다 보니 사랑 노래만큼 많은 것이 이별 노래이다. 추측컨대 이별 노래는 사랑 노래보다 많을 것이다. 대체로 시적인 감성은 슬픔 속에서 숙성되기 때문이다. 그런데 이별을 대하는 방식은 남자와 여자가 다르고, 나라마다 다르고, 시대마다 다르다.

(6) 이별이 안타까워 가는 님 부여잡고
얼마나 울었던가 이별 슬픈 안동역

서울행 밤 열차는 소리소리 치는데
나 홀로 남겨놓고 떠나가는 무정한 사람아.

예문 (6)은 1963년에 발표한 최숙자의 '안동부루스'라는 노래 가사이다. 이 노래에 등장하는 여자는 자신을 두고 떠나는 남자에게 매달려 하염없이 눈물을 흘리지만, 결국 그를 붙잡지는 못한다. 혼자가 된다는 것을 버려진다고 생각한다는 점에서 전근대적이고 의존적인 여성상을 읽을 수 있다.

(7) 마음 약해서 잡지 못했네. 돌아서던 그 사람
혼자 남으니 쓸쓸하네요. 내 마음 허전하네요.
생각하면 그 얼마나 정다웠던가.
나 혼자서 길을 가면 눈앞을 가려 뜨거운 눈물이 흘러내리네.
마음 약해서 마음 약해서 나는 너를 잡지 못했네.

예문 (7)은 1979년에 발표한 들고양이들의 '마음 약해서'라는 노래 가사이다. 이 노래에 등장하는 여자는 마음이 약해서인지 자신을 버리고 떠나는 사람을 차마 붙잡지 못하고, 하염없이 눈물만 흘린다. 이처럼 60~70년대 이별 노래는 대부분 희생과 배려에 근거하며, 마치 서정시와 같은 느낌을 보여준다.

(8) 믿을 수가 없었던 이별이었기에
무슨 이유로 떠나야 했나요.
나보다 더 나를 사랑했던 그대가
왜 나를 떠나야 했는지
아직도 눈물이 남아 있었나요.
내 모습이 정말 싫어요.

예문 (8)은 1989년에 발표한 양수경의 '이별의 끝은 어디인가요'라는 노래 가사이다. 이 노래에 등장하는 여자도 60~70년대 노래 가사처럼 이별 앞에서 수동적인 모습을 보이며 속절없이 눈물만 흘린다.

(9) 그래, 난 이제부터야. 이별도 별 거 아니야.
이 눈물이 마르고 나면 또 다른 우연 찾아갈 거야.
별 거 아냐. 잘된 거야. 이쯤이야 견뎌낼 수 있어.
잊어줄게. 내가 먼저 네게 이별을 말하려 했어.

예문 (9)는 1998년에 발표한 박지윤의 '별 거 아냐'라는 노래 가사이다. 이 노래에 등장하는 여자는 확실히 60~80년대 여자와 다른 모습을 보인다. 이별을 앞에 두고 담담하게 새로운 만남을 기대하며, 자신이 먼저 이별을 통보하려 했다고 말한다. 이외에도 90년대 노래가 60~80년대 노래와 다른 점이 있다면 시적 언어가 아니라 일상적 언어를 사용하여 말하듯이 구체적으로 표현한다는 것이다.

(10) 떠나 잔인하게 잊어줄게 좀 더 살아보면 알겠지만
누군가에게서 잊혀진다는 건 참 무서운 벌이거든
아주 그럴듯한 변명들로 너는 빙빙 돌려 말하지만
결국 그 얘긴 헤어지잔 거잖아.
두 눈 가득 고인 눈물까지 너를 포장하려 하겠지만
그건 모질게 날 떠나겠단 거잖아.
마지막까지도 나의 기억 속에 넌 좋은 얼굴로 남아
널 원망할 수도 미워할 수도 없게 그렇게 만들려 한 거잖아.
떠나 구차하게 굴지 말고 더는 잡고 싶은 맘도 없어
이별 앞에서도 속이려는 네가 참 불쌍할 뿐인 거야.

2000년대의 이별 이야기는 더욱 대담해진다. 예문 (10)은 2000년에 발표한 박미경의 '벌'이라는 노래 가사이다. 이 노래에 등장하는 여자는 더 이상 사랑에 연연하는 슬픈 눈물을 흘리지 않는다. 오히려 눈물을 흘리는 남자에게 가식적인 행위로 구차하게 굴지 말고 빨리 떠나라며 잔인하게 잊어주겠다고 말한다.

3. 인생을 노래하다

인생이란 무엇일까? 이 문제는 철학자들만의 전유물이 아니다. 가수 최희준은

'나그네길'이라고 하였고, 진미령은 "한순간의 꿈"이라고 하였다. 가수들에게 인생은 사랑이나 이별만큼 흥미로운 주제임에 틀림없다. 특히 노래를 독백이 아니라 대화라고 생각하는 가수일수록 인생의 의미를 노래하고픈 욕구가 강하게 작용한다.

(11) 인생은 나그네 길. 어디서 왔다가 어디로 가는가.
구름이 흘러가듯 떠돌다 가는 길에
정일랑 두지 말자. 미련일랑 두지 말자.
인생은 벌거숭이. 빈손으로 왔다가 빈손으로 가는가.
강물이 흘러가듯 여울져 가는 길에
정일랑 두지 말자. 미련일랑 두지 말자.

예문 (11)은 1965년에 발표한 최희준의 '하숙생'이라는 노래의 가사이다. 그에게 '인생'은 '나그네길'과 같고, 인간은 구름처럼 잠시 머물렀다 떠나가는 '하숙생'에 불과하다. 여기에는 빈손으로 왔다가 빈손으로 떠나는 것이 인생의 이치이므로 정일랑 미련일랑 모두 부질없다는 달관의 철학이 드러나 있다.

(12) 가는 세월 그 누구가 잡을 수가 있나요.
흘러가는 시냇물을 막을 수가 있나요.
아가들이 자라나서 어른이 되듯이
슬픔과 행복 속에 우리도 변했구료.

예문 (12)는 1977년에 발표한 서유석의 '가는 세월'이라는 노래의 가사이다. 흘러가는 시냇물을 막을 수 없듯이 흘러가는 세월도 마찬가지라는 깨달음은 인생의 불가역성을 노래한 것으로 볼 수 있다. 누구나 시간이 흐르면 어른이 되듯이 우리의 현재도 자연스러운 변화라는 깨달음이 드러나 있다.

(13) 인생은 미완성. 쓰다가 마는 편지
그래도 우리는 곱게 써가야 해
사랑은 미완성. 부르다 멎는 노래
그래도 우리는 아름답게 불러야 해

예문 (13)은 1986년에 발표한 이진관의 '인생은 미완성'이라는 노래 가사이다. 사랑도 미완성이고, 인생도 미완성이지만 그래도 포기하지 않겠다는 의지가 드러난 노래이다. 1980년대가 군부독재로 인해 암울했던 시기임을 감안할 때, 한편으로는 체제 순응적인 태도를 읽을 수도 있고, 또 한편으로는 소극적이나마 현실 극복의 의지를 읽을 수도 있다.

(14) 같은 생각하고 살기엔 내 인생이 너무 아깝다고 생각했어.
조금 튀게 난 살아갈 거야. 그 누가 뭐라 한다고 해도
어떻게 보면 내가 문제아로 생각되겠지만 그렇대도 나만의
생각이 필요한 거야. 나를 이해할 수가 없다고 해도
그런 것쯤 신경 안 쓸 거야.
변하고 있는 지금 세상에는 나 같은 사람도 필요해.

예문 (14)는 1999년에 발표한 리아의 '개성'이라는 노래 가사이다. 노래 제목에도 드러나 있듯이 남들과 같은 생각을 하며 평범하게 살기보다는 남들과 다른 생각을 하며 문제아처럼 살겠다는 의지를 불태운다. 이처럼 90년대 이후의 노래에서는 개성을 중시하는 신세대의 인생관을 엿볼 수 있다. 이러한 경향은 2000년대 들어서도 마찬가지이다.

(15) 인생은 Drama. 꼬이네. Like 파마
이러지도 저러지도 못해 내 딜레마
삶이란 서커스
꼬이네 또 엮였스.

예문 (15)는 2003년에 발표한 은지원의 'I Go'라는 노래의 가사이다. 인생을 드라마에 비유하고 서커스에 비유한 것을 보면, 그만큼 우여곡절도 많고 아슬아슬한 삶을 살아왔음을 알 수 있다. 하지만 동시에 해피엔딩을 기대하며 삶을 즐기라는 메시지로도 해석할 수도 있다.

4. 사회를 노래하다

노래는 곧 삶이다. 노래에는 우리가 살아가는 모습이 담겨 있으므로 노래를 들으면 우리의 삶이 보인다. 또한 공자는 예기(禮記)에서 "음악은 정치적 현실을 반영한다."라는 말을 하였다. 정치적으로나 사회적으로 안정되었을 때의 노래와 혼란스러울 때의 노래가 다르다는 것이다.

(16) ㄱ. 삼등차는 만원이라 자리가 없어
아 옆의 칸을 슬쩍 보니 자리가 비었네.
아 옳다구나 땡이로구나 집어탔더니
아 표 검사에 이등차라고 돈을 더 물었어요.

ㄴ. 꽃피는 동백섬에 봄이 왔건만
형제 떠난 부산항에 갈매기만 슬피 우네.
오륙도 떠나가는 연락선마다
목 메여 불러봐도 이름 없는 내 형제여.
돌아와요 부산항에 그리운 내 형제여.

ㄷ. 하늘엔 조각구름 떠 있고, 강물엔 유람선이 떠 있고
저마다 누려야 할 행복이 언제나 자유로운 곳
원하는 것은 무엇이든 얻을 수 있고
뜻하는 것은 무엇이든 될 수가 있어
아아 우리 대한민국 아아 우리 조국
아아 영원토록 사랑하리라.

예문 (16ㄱ)은 1962년에 발표한 서영춘의 '서울 구경'이라는 노래의 가사이다. 이 노래는 초창기 기차의 칸이 지금과 달리 일등칸, 이등칸, 삼등칸으로 나누어져 있었으며, 금액이 다르게 책정되어 있었다는 역사적 사실을 알려준다. 예문 (16ㄴ)은 1975년에 발표한 조용필의 '돌아와요 부산항에'라는 노래 가사이다. 이 노래는 '돌아와요 충무항에'를 표절한 것으로, 1975년 700명의 재일동포 고향 방문단이 부산항을 통해 입국한 일과 관련하여 본래 가사인 "약속한 내 님아"를 "그리운 내 형제여"로 수정하여 부른 것이다. 예문 (16ㄷ)은 1983년에 발표한 정수라의 '아

대한민국'이라는 노래 가사이다. 이 노래는 과거 4, 5공화국 시절, 정권 비호용 건전가요라는 평가를 받기도 했다.

(17) ㄱ. 첫사랑 떠나간 종점 마포는 서글퍼라.
저 멀리 당인리에 발전소도 잠든 밤
하나둘씩 불을 끄고 깊어가는 마포종점
여의도 비행장엔 불빛만 쓸쓸한데
ㄴ. 강물은 흘러갑니다, 제 3한강교 밑을
당신과 나의 꿈을 싣고서 마음을 싣고서
젊음은 피어나는 꽃처럼 이 밤을 맴돌다가
새처럼 바람처럼 물처럼 흘러만 갑니다.
ㄷ. DDD DDD 혼자선 너무나 외로워
DDD DDD 가슴만 태우는 그대여
그대와 난 이렇게 멀리 헤어져 있기에
전화 다이얼에 맞춰 아쉬운 마음을 전하네.

예문 (17ㄱ)은 1968년에 발표한 은방울자매의 '마포종점'이라는 노래 가사이다. 이 노래를 들으면 당시 마포가 전차의 종점이었으며, 한강 너머에 국내 최초의 비행장이 있었다는 사실을 알려준다. 예문 (17ㄴ)은 1970년에 발표한 펄시스터즈의 '나팔바지'라는 노래 가사이다. 실제로 73년대는 청바지와 핫팬츠의 뒤를 이어 판탈롱(나팔바지)이 유행하였는데, 이 노래를 통해서도 그러한 사실을 확인할 수 있다. 예문 (17ㄷ)은 1989년에 발표한 김혜림의 'DDD'라는 노래 가사이다. 1982년 국내 기술진에 의해 시내외 겸용 DDD 공중전화가 나오면서 공중전화가도 보편화되었다. 이처럼 가요의 역사는 곧 문명의 발자취를 그대로 보여주는 살아있는 역사라고 할 수 있다.

(18) ㄱ. 한 때의 향락, 고통 불러오는 쾌락, 내리막 인생의 막
죄책감도 없나 세상 보지 못한 생명을 죽이나. 살인행위
집 없는 아이 떠돌아다니며 갈 곳을 찾아봐도 역시 무리
고귀한 생명이 또 사라지네.
ㄴ. 흥청망청 아무 생각 없이 펑펑

돈지랄한 인간들이 나라 망쳐
청춘 바쳐 몸 바쳐 열심히 일한 사람들만 피해 봤어.
버림받은 직장 소외된 가장 불변의 부익부 빈익빈 현상
있는 놈은 항상 있지 없는 놈은 항상 없지.

ㄷ. 인터넷. 미디어. 새로운 경향
거대한 제도의 손아귀에 박살난 나의 자아여.
보편을 앞세운 폭력이여.
썩어가는 무능한 영혼이여.
나를 찾을 길 없네.

예문 (18ㄱ)은 1999년에 발표한 업타운의 '낙태'라는 노래 가사이다. 이 노래는 '낙태'가 만연한 세태에 대한 경종의 의미를 담고 있다. 예문 (18ㄴ)은 2000년에 발표한 DJ DOC의 '부익부 빈익빈'이라는 노래 가사이다. 이 노래는 1997년 IMF 구제금융 요청 사태 이후의 경제난과 가장의 추락, 상대적 박탈감 등을 노래하고 있다. 예문 (18ㄷ)은 2001년에 발표한 노브레인의 '거세'라는 노래 가사이다. 이 노래는 21세기의 새로운 패러다임에 적응하지 못하면 무능한 인간으로 취급당하는 오늘날의 현실을 비판하고 있다.

5. 노래 가사의 문제점

어떤 노래가 좋은 노래일까? 가요 순위 프로그램에서 1등을 차지한 노래일까, 음악 평론가에게 호평을 받은 노래일까, 아니면 노래방에서 가장 많이 불린 노래일까? 이 질문은 듣는 사람이 누구인지, 어떤 상황에 처해 있는지, 어떤 경험을 했는지, 낮인지 밤인지 여러 가지 상황을 모두 고려해야 한다.

질문을 바꿔서 가사가 좋은 노래와 멜로디가 좋은 노래가 있는데, 어떤 노래가 좋은 노래일까를 물을 수도 있다. 이 질문의 정답 역시 노래를 듣는 사람에게 달려 있다. 그런데 노래 가사가 선정적이라거나 폭력적이라면 어떨까? 외래어를 남용하고 비속어와 욕설이 난무하며 문법 파괴를 일삼는데도 좋은 노래라고 할 수 있을까?

최근 힙합 가수들 사이에서 랩으로 실력을 겨룬다는 의미의 '랩 배틀'이 세간의 이목을 집중시킨 바 있다. 그 이유인즉, 내용이 너무 사적인데다가 노래 가사가 지나치게 원색적이었기 때문이다. 이와 관련하여 랩을 즐겨 듣는 청소년에게 미치는 악영향을 우려하는 목소리가 높다. 이것은 단지 기우에 불과할까?

(19) 그대와 단 둘이서 지샐 우리 밤을 난 기다려왔어.
불을 켤 필요 없어 아무 말도 필요 없어.
오늘밤 그대를 유혹할래. 망설일 필요 없어.

예문 (19)는 1999년에 발표한 엄정화의 '초대'라는 노래의 가사이다. 이 노래에서 남녀 간의 사랑은 오직 육체적인 측면만 부각되고 있다. 이러한 경향은 2000년대 이후의 노래에서 자주 목격되는데, 성에 관한 묘사가 점차 노골적으로 바뀌어 간다는 점에서 성에 관한 인식이 왜곡될 수 있다는 우려의 목소리가 높다.

(20) 주위를 보니 어느새 우리들 그놈들에게 포위
그 모습이 마치 도마 위에 놓인 거위
쏟아지는 주먹 속에 쏟아지는 나의 피
그때 갑자기 들려온 경찰의 싸이렌 소리

예문 (20)은 2001년에 발표한 드렁큰 타이거의 '뽕짝이야기'라는 노래의 가사이다. 노래 가사를 보면 주먹을 휘둘러 피가 쏟아지고, 경찰이 출동하는 등 현실을 극단적으로 표현한 부분이 등장한다. 이른바 '패싸움' 현장을 묘사한 것으로 보이는데, 이것이 의미하는 바는 무엇일까?

(21) 나만의 Up된 style을 비웃는 사람들
너만의 Down된 style에 답답해하는 사람들
이런 모두가 모여서 사는 세상이 Up&Down
이젠 우리가 바꿔 바로 Up&Down Up&Down
때로는 루즈하게, 때로는 타이트하게

때로는 스피디하게, 때로는 쇼킹하게
때로는 그루브하게, 때로는 스피드하게

자료 (21)은 2000년에 발표한 Diva의 'Up & Down'이라는 노래 가사이다. 이 노래에는 영어가 빈번하게 사용되는데, 한국 사람이 한국인의 감정을 굳이 영어로 표현한 이유는 무엇일까? 가수 이름도, 노래 제목도 외국어가 판치는 세상이라지만, 온전한 영어도 아니고, 온전한 한국어도 아닌 어설픈 표현이라는 점에서 문제를 제기하는 목소리가 없지 않다.

(22) 제각기 있기 였기 때문이기 사랑했기 때문이기
하루지기 이야기 이야기 잊지 않기
제각기 이기적이었기 때문이기
사랑했기 때문이지 영원지기 이야기 이야기
제각기 있기 였기 때문이기 우리의 이야기 이야기

예문 (22)는 2004년에 발표한 샤크라의 '끝'이라는 노래 가사이다. 이 노래는 도대체 전달하고자 하는 메시지가 무엇인지 금방 파악할 수가 없다. 문법을 전혀 고려하지 않았기 때문이다.

(23) 새가 날아든다 왠갖 짭새가 날아든다
새 중에는 씨방새 날지 못하는 새 짭새
문제야 문제 우리나라 경제
좆같은 짭새와 오늘 내가 문제
새가 날아든다 짭새가 날아든다

예문 (23)은 2001년에 발표한 DJ DOC의 '포졸이'라는 노래의 가사이다. 이 노래는 경찰을 비웃는 내용으로 되어 있는데, 노랫말 전체에 걸쳐 지나치게 비속어를 사용함으로써 오히려 거부감이 들 수도 있다. 물론 노래 가사에 교과서적인 표현을 원하는 것은 아니지만, 정도의 문제라는 생각을 지우기 어렵다.

■ 토의거리 ■

1. 대중가요에서 '잎새'나 '자욱' 등의 비문법적인 표현을 즐겨 사용하는 것을 어떻게 생각하는가?
2. 랩에서 욕설이나 비속어를 사용하는 것을 표현의 자유로 볼 것인가, 아니면 인격 모독으로 볼 것인가?

■ 읽을거리 ■

김홍석. 2009. 20세기 후반 대중가요 노랫말의 요용 실태. 새국어교육 83. 한국국어교육학회.
허병두. 1997. 글쓰기 열두마당. 고려원미디어.

제12장
속담으로 사회 들여다보기

속담은 오랜 세월에 걸쳐 민간에서 전해진 것으로 교훈이나 풍자 혹은 조롱 등의 내용을 담고 있는 말이다. 속담의 '속(俗)'이란 말에는 민간에서 전해진 것이라는 의미가 있고, '담(談)'이란 말에는 말이나 이야기라는 의미가 있는데, 그 형식은 교화가 목적이므로 매우 짧고 간결한 비유의 형태를 띠며, 그 내용은 누구나 공감할 수 있는 동일한 사회 문화적 배경에 근거한다.

속담 중에는 "말 한마디에 천 냥 빚도 갚는다."라는 교훈적인 것도 있지만, "눈먼 놈이 앞장선다."라는 말처럼 편견에 기초한 것도 있고, "회초리를 아끼면 자식 버린다."라는 말처럼 시대착오적인 것도 있다. 그럼에도 불구하고 속담의 가치를 부정할 수는 없다. 속담은 선조에게 물려받은 정신적 유산으로 옛사람의 경험과 지혜가 그대로 녹아 있기 때문이다. 그 안에는 삶에서 우러난 가르침이 있고, 해학과 재치가 넘친다. 그 짤막한 말 속에 마음을 꿰뚫는 삶의 지혜가 담겨 있는 것이다. 그러므로 백 마디, 천 마디의 장광설보다 한마디의 짧은 속담이 더 정곡을 찌르는 힘이 강하다. 그야말로 촌철살인의 묘를 살릴 수 있는 것이 속담인 것이다.

속담 자료를 한 번 훑어보는 것만으로 우리 사회의 가치관과 생활관을 짐작하기에는 충분하다. 그만큼 폭넓게 사용되고 있다는 점에서 그 권위를 인정받았다고 할 수 있다. 격언과 마찬가지로 말의 신뢰성을 더하고 타당성을 높이는 효과가 뛰어나며, 비꼼의 기능을 간접적으로 그러나 더 강하게 수행한다.

속담의 유형은 크게 둘로 나눌 수 있는데, 우선 속담의 의도를 중심으로 교훈적 속담, 비판적 속담, 유희적 속담 등으로 나눌 수 있고, 속담의 화제를 중심으로 경제 속담, 언어 속담, 체면 속담, 여성 속담 등으로 나눌 수 있다. 이 장에서는 이에 근거하여 우리나라 속담의 특징을 사회언어학적인 측면에서 살펴보고자 한다.

1. 교훈적 속담

속담과 격언은 어떤 차이가 있을까? 속담은 격언과 마찬가지로 교훈적인 내용이 있기 때문에 구별이 쉽지 않다. 다만 속담은 민간에서 전해 내려온 말이라는 점에서 격언과 다르다. 즉, 격언에는 '속(俗)'의 의미가 없는 것이다. 앞서 말했듯이 속담은 여러 종류로 나눌 수 있는데, 그중 격언처럼 사람들에게 교훈을 주는 것이 있다. 속담사전에서 그러한 것들을 추려 보았다.

(1) 두부 먹다가 이 빠진다. / 당장 먹기에는 곶감이 달다. / 눈이 아무리 밝아도 제 코는 안 보인다. / 숫돌이 저 닳는 줄 모른다. / 남을 물에 넣으려면 제가 먼저 물에 빠진다. / 세 살 적 버릇이 여든까지 간다. / 목마른 놈이 우물 판다. / 하늘이 무너져도 솟아날 구멍이 있다. / 하늘은 스스로 돕는 자를 돕는다.

예문 (1)의 속담은 우리가 살아가는 데 큰 가르침을 주는 교훈적 의미가 강하다. 따라서 이들 속담을 보면 민간에서 전해 내려온 일종의 사회 정의를 추론할 수도 있다. 그 안에는 우리의 욕심과 무지, 성급함, 어리석음에 대한 꾸짖음도 있고, 절망에 빠진 사람에게 위로가 되는 말도 있다.

(2) 입은 비뚤어져도 말은 바로 해라. / 우물을 파도 한 우물을 파라. / 돌다리도 두들겨 보면서 건너라. / 형제간에는 콩도 반쪽씩 나눠 먹는다. / 가는 말이 고와야 오는 말이 곱다. / 새를 보고 싶거든 나무를 심어라. / 아는 길도 물어 가라. / 쇠뿔도 단김에 빼라 / 어린아이 말도 귀 담아 들어라. / 입찬말은 무덤 앞에 가서 해라.

예문 (2)는 요청의 뜻을 담고 있는 교훈적 속담이다. 즉, 행동 지침이나 생활 지침으로 삼기에 적당한 것들을 당부의 형태로 표현한 것이다. 그 구체적인 사례들을 살펴보면 올바르게 행동할 것과 신중하게 행동할 것, 가족이나 이웃 간에 우애 있게 행동할 것, 적극적으로 행동할 것 등을 강조한다.

(3) 솥은 검어도 밥은 검지 않다. / 새도 가지를 가려 앉는다. / 아무리 바빠도 바늘허리 매어 못 쓴다. / 침도 바람보고 뱉으랬다. / 비온 뒤에 땅이 굳는다. / 숯불도 한 덩이는 죽는다. / 등잔 밑이 어둡다. / 기러기도 날을 때 줄지어 난다. / 호박은 덩굴 속에서 큰다. / 입에 쓴 약이 병에는 좋다.

예문 (3)은 경험에 근거한 교훈적 속담이다. 즉, 귀납적인 경험을 토대로 삶의 지혜를 일반화하는 것이다. 이 중에는 자연과 견주어 가르침을 주는 속담도 있고, 일상에서 쉽게 접할 수 있는 사물이나 현상에 기대어 가르침을 주는 속담도 있다.

이처럼 우리 옛 속담은 오래전 이 땅에 살았던 조상들의 삶의 지혜가 고스란히 저장되어 있는 타임캡슐과 같다. 조선시대 사대부의 이념적 토대를 활자로 기록된 유교 경서에서 찾을 수 있다면 평민의 이념적 토대는 입에서 입으로 전해지던 속담에서 찾을 수 있다고 말할 수 있다. 그만큼 그 가치가 높다.

2. 비판적 속담

속담은 평민의 생활 철학이 고스란히 반영된 것으로 처세의 교훈만 있는 것이 아니라 세태에 대한 풍자와 경계도 있다. 사실 풍자는 행동의 변화를 촉발하거나 저지할 목적으로 특정 행동을 비꼬거나 비난하는 행위인데, 이를 통해 잘못을 깨닫게 함으로써 올바른 방향을 제시하는 일종의 훈육 수단이 되기도 하였다.

(4) 재 묻은 개가 똥 묻은 개 나무란다. / 쟁기질 못하는 놈이 소 탓만 한다. / 팔이 안으로 굽는다. / 남의 일은 오뉴월에도 손이 시리다.

/ 하던 지랄도 멍석 펴 놓으면 안 한다. / 남의 흉은 홍두깨로 보이고 제 흉은 바늘로 보인다. / 벼룩의 간을 내어 먹는다. / 못된 송아지 엉덩이에 뿔난다. / 개구리 올챙이 적 생각을 못한다. / 빈 수레가 더 요란하다.

그렇다면 어떤 행동을 경계하였을까? 우선 자신의 잘못을 다른 사람에게 떠넘기는 것을 멀리하도록 가르쳤다. 아울러 공정하지 않은 행동이나 공동체 의식이 부족한 행동, 소극적인 행동, 이기적인 행동, 교만한 행동, 가식적인 행동 등을 모두 경계하였다. 이에 근거하여 속담을 생활 철학의 결정체라고 해도 무방할 것이다.

대체로 비판적 속담은 비판의 형식을 최소화하면서 그 효과를 극대화하는 이점이 있다. 예를 들어 잘 알지도 못하면서 자기 말이 옳다고 떠들어대는 사람에게 "원래 빈 수레가 요란한 법이거든"이라는 속담을 인용하면 보다 완곡한 표현으로 보다 강력한 메시지를 전달할 수 있다. 즉, 이 속담은 직접적인 마찰을 피하기 위해 "쥐뿔도 모르면 입을 닥쳐라."와 같은 메시지를 완곡한 형식으로 표현한 것으로 볼 수 있다.

3. 풍자적 속담

속담의 또 다른 기능으로는 풍자를 들 수 있다. 풍자는 남의 결점을 다른 것에 빗대어 비웃으면서 폭로하고 공격하는 것이다. 힘없는 자들의 저변에 깔려 있는 저항과 조롱의 의지가 간접적 비유를 통해 표출된 것이다.

(5) 뒷간 갈 적 마음 다르고 올 적 마음 다르다. / 냉수 먹고 이 쑤신다. / 똥인지 된장인지 모른다. / 귓구멍에 마늘쪽을 박았나. / 미련이 담벼락을 뚫는다. / 뒷구멍으로 호박씨 깐다. / 못된 송아지 엉덩이에 뿔난다. / 여드레 삶은 호박에 도래송곳 안 들어갈 말이다. / 닭 잡아먹고 오리발 내민다.

예문 (5)는 그러한 예들을 여실히 보여주고 있다. 풍자적 속담은 현실의 부정적

현상이나 모순 따위를 빗대어 비웃을 때도 잘 쓰인다. 직접적 표현을 피함으로써 대립적 상황을 만들지 않지만 더 강하게 교훈이나 비판의 뜻을 전할 수 있다.

(6) 딸년은 쥐 먹듯 하고, 며느리년은 소 먹듯 한다. / 열녀전 끼고 서방질한다. / 계집과 숯불은 쑤석거리면 탈난다. / 장가 가는 놈이 불알 떼놓고 간다.

기본적으로 풍자적 속담은 기층 민중 사이에서 통용되던 것으로 욕설이나 비속어는 물론이고, 성적인 표현을 가리지 않는다. 삶의 현장에서 이루어지는 감정의 발산이 존재하되 풍자적 속담의 형태를 통해 표현됨으로써 악의적 성격을 띠지는 않는다. 예문 (6)은 바로 그러한 예라고 할 수 있다.

4. 화제에 따른 속담의 유형

속담을 가리켜 '의식의 지문'이니 '의식의 화석'이니 하는 말을 사용하는 것은 속담에 그들의 문화가 그대로 녹아들어 있기 때문이다. 따라서 돈에 관한 속담을 통해 경제관을, 말에 관한 속담을 통해 언어관을, 여성에 관한 속담을 통해 여성관을 엿볼 수 있는 것은 자명한 이치이다.

경제 속담

속담 사전에 등재되어 있는 돈에 관한 속담을 살펴보면, 한국인이 돈을 어떻게 생각하는지 잘 알 수 있다. 그뿐만 아니라 돈을 버는 일이나 쓰는 일, 빚과 가난에 대한 인식도 가감 없이 드러난다.

(7) 개같이 벌어 정승같이 써라. / 돈 번 자랑 말고 쓴 자랑 하랬다. / 돈에 눈이 멀면 사람도 안 보인다. / 큰 집이 천 칸이라도 밤에 자는

자리는 여덟 자밖에 안 된다. / 가난구제는 나라도 못 한다. / 가난한 집 제사 돌아오듯 한다. / 가난한 집 신주 굶듯 한다. / 가난이 창문 틈으로 들어오면 사랑은 대문을 박차고 나간다.

예문 (7)은 돈에 관한 한국인의 인식이 잘 나타나 있다. 돈을 벌 때는 악착같이 벌더라도 돈을 쓸 때는 가치 있게 쓸 것을 권하는가 하면, 지나친 욕심을 경계하기도 한다. 그런가 하면 돈이 없는 가난한 삶의 고단함에 대해서도 그대로 드러난다.

(8) 굳은 땅에 물이 고인다. / 담도 틈이 생기면 무너진다. / 티끌 모아 태산이다. / 낟알 하나에 땀이 열 방울이다. / 소 같이 일하고 쥐 같이 먹어라. / 강물도 쓰면 준다. / 물도 아껴 쓰면 용왕이 좋아한다. / 기와 한 장 아끼다가 대들보 썩힌다. / 아끼다가 똥 된다. /

예문 (8)은 절약에 관한 속담들이다. "티끌 모아 태산"처럼 절약의 미덕을 강조하는 속담이 있는가 하면 "기와 한 장 아끼다가 대들보 썩힌다."처럼 맹목적인 절약의 해악을 강조하는 속담도 있다. 결과적으로 돈을 가치 있게 잘 쓰는 것이 중요하다는 점에서는 예문 (7)과 다르지 않다.

언어 속담

"사랑을 책으로 배웠다."라는 말이 있다. 이 말은 사랑의 이론만 알지 실제를 모른다는 식으로 사용되고 있는데, 사랑하는 법은 책으로도 배워야 한다. 마찬가지로 말을 사용하는 방법도 책으로 배워야 한다. 현실의 경험만으로는 말로 인해 갈등하고, 말로 인해 상처를 주고받는 일이 비일비재하기 때문이다. 그러한 이유 때문인지 '말'에 관한 속담은 참으로 다양하다.

(9) 고기는 씹어야 맛이고 말은 해야 맛이라. / 말 한마디에 천냥 빚을 갚는다. / 말이 고우면 두부 사러 갔다가 비지 사온다. / 입은 비뚤어져도 말은 바로 하라. / 머리는 끝부터 가르고, 말은 밑부터 해야

> 한다. / '아' 다르고 '어' 다르다. / 글 잘하는 자식 낳지 말고 말 잘하는 자식 낳으랬다. / 힘센 아이 낳지 말고 말 잘하는 아이 낳으랬다. / 귀는 크게 열고 입은 작게 열랬다. / 쌀은 쏟고 주워도 말은 하고 못 줍는다. / 가루는 칠수록 고와지고 말은 할수록 거칠어진다. / 산에 가서 호랑이 이야기하면 호랑이가 나온다. / 낮말은 새가 듣고 밤말은 쥐가 듣는다. / 담에도 귀가 있다. / 곰은 쓸개 때문에 죽고 사람은 혀 때문에 죽는다. / 장(醬) 단 집에는 가도 말 단 집에는 가지 말라.

예문 (9)는 말과 관한 속담으로 말의 순기능을 강조하는 속담이 있는가 하면, 말하는 방법에서부터 말의 중요성과 말조심의 중요성에 관한 것까지 다양한 속담이 있다. 그런가 하면 말만 번지르르하고 실천이 따르지 못하는 것에 대해 경계하는 속담도 있다.

이외에도 "화살은 쏘고 주워도, 말은 하고 못 줍는다."라는 속담은 말은 한 번 하고 나면 다시 주어 담기 어렵기 때문에 말을 삼가야 한다는 것을 강조한다. 그래서 "발 없는 말이 천리를 가며", "가는 말이 고와야 오는 말도 고운 것"이다. 남에게 대접을 받고 싶으면 먼저 남을 대접해야 한다. 따라서 "남의 말을 식은 죽 먹듯"해서는 안 된다. "낮말은 새가 듣고, 밤 말은 쥐가 듣기" 때문이다.

사실 우리는 말 때문에 구설수에 오르고, 말 때문에 다 된 죽에 콧물을 빠뜨리는 경우가 많다. 사람들과의 관계에서 말을 조심하는 것보다 더 중요한 것은 없다. 우리 옛말에 '신언서판(身言書判)'이라는 말도 같은 맥락에서 이해할 수 있으며, 모파상의 "사상의 수입보다 사상의 지출이 많으면 파산한다."라는 말도 마찬가지이다.

"말로 온 동네를 다 겪는다."라는 속담이 있다. 아무 것도 들이지 않고, 말로만 남을 접대하는 체 한다는 뜻이니, 말만 앞세우고 행실이 따르지 못함을 꼬집는 것이다. "믿을 신(信)자는 사람(人)의 말(言)"을 뜻하며, "정성 성(誠) 자는 말(言)을 이룬다(成)."라는 뜻이다. 따라서 자신이 말한 것은 반드시 실천하고, 지키는 것이 신의 있게 사는 것이요, 성실하게 사는 것이다.

"입은 삐뚤어져도 말은 바로 하라."라는 속담에서는 말은 정직하게 해야 한다는 것을 가르치고 있다. 말을 바르게 한다는 것은 쉬운 일이 아니다. 공자도 "교언영색(巧言令色)은 인(仁)에서 멀고, 강의목눌(剛毅木訥)은 인(仁)에서 가깝다."라고 하였다. 아첨하는 말은 하기도 쉽고, 듣기에도 달콤하지만, 그것은 바른 말이 아니다. 옳은 것을 옳다 하고, 그른 것을 그르다고 말하는 것은 당연한 일이요, 쉬운 것 같지만 이처럼 어려운 것이 없을 것이다. 여기에는 용기가 필요하다. '예'와 '아니오'를 분명히 하며 살아가는 것에는 커다란 용기가 필요하다. 불의에 타협하지 않고, 정의에 과감하게 나설 수 있어야 한다.

말은 악마와 천사의 두 얼굴을 가지고 있다. 말 한 마디로 천 냥 빚도 갚을 수 있지만 발 없는 말이 천리를 가서 세상을 어지럽힐 수도 있다. 그러므로 말 하는 이가 말을 주의해서 써야 하는 일은 매우 중요하다. 말과 관련된 많은 속담을 그러한 내용을 담고 있다.

체면 속담

우리나라를 가리켜 동방예의지국이라고 하였기 때문일까, 한국인은 겉치레나 체면치레를 중시한다. 이는 봉건사회를 관통하고 있는 체면 위주의 형식적인 정신사가 단적으로 드러난 결과로 볼 수 있다. 그런데 안타까운 것은 그러한 과거사가 오늘날에도 그대로 재현되고 있다는 것이다.

(10) 옷이 날개다. / 비단 옷을 입으면 어깨가 올라간다. / 하루 굶은 것은 몰라도 헐벗은 것은 안다. / 벗은 거지는 못 얻어먹는다. / 넓은 하늘을 보지 말고, 한 뼘 얼굴을 보랬다. / 가만히 있으면 둘째라도 간다. / 닷새를 굶어도 풍잠 멋으로 산다. / 양반은 얼어 죽어도 겻불은 안 쬔다. / 양반은 물에 빠져 주어도 개헤엄은 안 친다.

예문 (10)의 속담들은 한결같이 허례허식을 조장한다. 옷의 중요성을 강조하거나 양반의 체면치레를 최고의 덕목인양 과시한다. 그로 인해 실체가 무시되고, 정신의 중요성이 외면받는 사태가 일어날 수 있는데도 말이다. 속마음과 다르게 대인

관계를 맺는 행위, 특히 자기보다 신분이 높은 이에 대해서는 호의적으로 대하는 등 다분히 허위성이 짙은 사회의 단면을 드러내고 있다.

여성 속담

우리나라 속담 중에 여성 속담은 남성 속담보다 많다. 이는 부권 중심의 가족제도가 확립되면서 시작된 남존여비 풍조에서 기인한다. 여성 관련 속담의 대부분이 여성을 비하하는 뜻이 다분한데, 이는 과거 우리 사회에서 터무니없이 남녀 차별이 심했다는 풀이가 가능하다.

(11) ㄱ. 달걀과 여자는 구르면 깨진다. / 여자는 사흘을 안 때리면 여우가 된다. / 암탉이 울면 집안이 망한다. / 암탉 울어 날 샌 일이 없다. / 얌전한 고양이가 부뚜막에 먼저 올라간다. / 의젓잖은 며느리가 사흘만에 고추장 세 바탱이 먹는다. / 딸은 하나도 많고 아들은 셋도 모자란다.

ㄴ. 만만한 년은 제 서방 굿도 못 본다. / 열흘 운 년이 보름은 못 울까.

ㄷ. 귀머거리 삼년 벙어리 삼년 / 때리는 시어미보다 말리는 시누이가 더 밉다. / 가을볕에는 딸을 쬐이고 봄볕에는 며느리를 쬐인다. / 시어머니한테 당하고 강아지 옆구리 찬다. / 시집살이 삼년이면 시어머니 하품소리만 듣고도 하루 일기를 안다. / 고양이 덕과 며느리 덕은 알지 못한다.

예문 (11ㄱ)에는 여성을 비하하는 속담이, 예문 (11ㄴ)에는 여성의 비애를 다룬 속담이, 예문 (11ㄷ)에는 시집살이의 괴로움이 잘 나타나 있는 속담이 소개되어 있다. 대체로 여성 속담을 보면 여성은 남성 의존적이고 질투가 심하며 수다스러운 존재이자 불운의 상징처럼 묘사되어 있다. 이와 반대로 남성을 비하하는 표현은 거의 찾아볼 수 없다.

속담은 사회가 변화함에 따라 함께 변화하기 마련이다. “뒷간과 사돈집은 멀어야 한다.”라는 속담이나 “여자 셋이 모이면 접시가 깨진다.”라는 속담은 오늘날 우리 사회의 현실에서 수용하기 거북한 말이다. 아마도 이런 말은 사용하는 사람이 점차 줄면서 사라지는 수순을 밟을 것이다. 그렇다면 속담이라고 아무거나 함부로 사용할 것이 아니라 그 안에 담긴 조상의 지혜가 잘 드러나는 말을 골라 사용하는 자세가 필요할 것이다.

■ 토의거리 ■

1. 미국 속담 "거울 보는 것을 좋아하는 아내는 소스 냄비를 싫어한다."나 중국 속담 "배고파 죽는 일은 작은 재난이요, 순결을 잃는 일은 큰 재난이다."라는 말에는 남성중심적인 세계관이 드러난다. 우리나라 속담에서 그러한 사례를 찾아보자.
2. 우리말 속담사전에는 똥에 관한 속담이 150여 개나 등장하는데, 옥스퍼드 속담사전에는 단지 4개만 등장한다. 이러한 차이는 왜 생긴 걸까?

■ 읽을거리 ■

김도환. 1993. 한국 속담 활용 사전. 한울아카데미.
김종택. 1992. 국어어휘론. 탑출판사.
김혜숙 편. 1990. 언어와 삶. 태학사.
방운규. 2004. 돈 관련 속담에 나타난 한국인의 의식구조. 겨레어문학 31. 겨레어문학회.
서정수 외. 1999. 세계 속담대사전. 한양대학교출판부.
심재기. 1985. 한국 사람의 말과 글. 지학사.
심재기. 1987. 국어어휘론. 집문당.
이기문. 1980. 속담사전. 일조각.
이석규 외. 2003. 언어와 사회. 역락.
최상진. 1980. 속담으로 푼 한국인의 성격. 신동아 3월호. 동아일보사.

제13장

유행어, 은어, 비속어로 사회 들여다보기

10대가 즐겨 사용하는 말 중에 대표적인 형태로 유행어, 은어, 비속어 등이 있다. 유행어는 한동안 여러 사람의 입에 오르내리는 말을 뜻하고, 은어는 특수한 집단이나 사회, 계층에서 타인이 모르게 자기들끼리만 알도록 은밀하게 사용하는 말을 뜻하며, 비속어는 격이 낮고 속된 말을 뜻한다.

어느 사회든 유행어, 은어, 비속어가 있기 마련이다. 심지어 북한에서도 은어를 사용하는데, 공산당을 가리켜 '콩사탕'이라고 하고, 집회나 학습 때 박수를 많이 쳐야 신상이 이롭다는 뜻으로 '박수 보약'이라는 말을 사용하기도 한다. 이들 언어는 기성세대의 언어와 차별성을 두기 위해 사용하는 신세대의 개성 넘치는 표현이라는 점에서 자칫 세대 간 단절을 초래할 수도 있다. 한편, 이들 언어는 남학생에 비해 여학생의 사용 비율이 현저하게 낮은데, 이는 욕설과 마찬가지로 여자들에게 순종을 미덕으로 강요하는 사회적인 압력에 기인한 것으로 보인다.

국립국어원이 2012년에 조사한 '청소년 언어사용 실태 및 언어의식'을 살펴보면, "짱, 찌질이, 쩔다, 깝치다, 야리다, 존나" 등의 비속어는 초등학생의 97%, 중고등학생의 99%가 사용한 경험이 있는 것으로 나타났고, "안습, 죽빵치다, 헐" 등의 은어나 유행어는 초등학생의 97%, 중고등학생의 100%가 사용한 경험이 있는 것으로 나타났다. 그런가 하면 '부모의 언어폭력으로 인한 스트레스'가 청소년 언어사용에 가장 부정적인 영향을 미치는 요인으로 조사되었다.

이와 관련하여 이 장에서는 한때 유행했던 유행어나 은어, 비속어 자료를 살펴보고, 그 안에 숨겨져 있는 청소년의 은밀한 심리를 파헤쳐보기로 한다.

1. 유행어

유행어는 주로 대중매체의 발달로 인해 생겨나며, 언어생활에 즐거움을 더하려는 심리로 널리 사용된다. 따라서 상황에 맞게 사용했을 때는 해학과 풍자가 넘치는 표현이라고 할 수 있지만, 경우에 따라서는 경박한 표현이라는 느낌을 받을 때도 있다. 따라서 유행어는 상황에 맞게 사용하는 것이 중요하다.

유행어는 1945년 광복 이후, 이른바 '여론'이라는 것이 형성되기 시작하면서 등장하였다. 처음에는 주로 신문과 잡지를 통해 유포되었으며, 내용상 사회적, 정치적인 유행어가 주류를 이루었다. 유행어는 겉으로 보기에 특별한 의미가 없는 것처럼 보이지만, 사실은 당대 사회상과 밀접한 관련이 있는 말들이다.

(1) 뭉치면 살고 흩어지면 죽는다, 돗떼기시장, 코리언타임, 하꼬방, 날치기국회, 높은 자리 있을 때 한 번 봐줘, 사바사바, 자유부인, 춤바람, 맘보바지, 사사오입, 각하 시원하시겠습니다, 귀하신 몸, 치맛바람, 구관이 명관이다, 38따라지, 양공주, 양색시, 얌생이질, 골로 간다, 못살겠다 갈아보자, 갈아봤자 더 못 산다, 럭키 서울, 슈사인 보이

예문 (1)은 40~50년대 사용된 대표적인 유행어들이다. 이 중에 '돗떼기시장'이란 말은 1945년 8·15광복 이후 오늘날 부산 국제시장 자리에 들어선 시장의 이름으로 고리짝채로 물건을 사고파는 경매 시장에서 낙찰을 받았다는 뜻으로 '돗따'라고 외친 일본말에서 유래한 것이다.

'코리언타임'이란 말은 1950년대에 만들어진 말로 1960년대까지 유행하다 사라진 말이다. 아마도 이 말은 미군부대에서 일하던 한국인들이 종종 약속시간을 어기는 것을 보고 미군이 만들어낸 말이 아닐까 싶다. 그런데 어쩌면 그만큼 시계가 귀했던 것은 아닐까라는 생각이 들기도 한다.

이외에도 "골로 간다."라는 말은 "산골짜기로 끌려간다."라는 말로 국군이나 인민군 모두 적을 죽일 때 일단 산골짜기로 끌고 갔기 때문에 생겨난 말이고, '38따라지'란 맨몸으로 38선을 넘어온 사람 혹은 도박에서 3과 8을 손에 쥔 사람이란 뜻으로 하찮은 존재라는 의미를 담고 있다.

이 시기에 다방 출입이 잦은 여대생을 가리켜 '금붕어'라고 했는가 하면, 못생긴 남자친구 얼굴은 '무허가 건축', 징집영장은 '청춘 차압장', 소주에 콜라 섞은 것은 '소크라테스', 둔한 사람은 '형광등'이라고 불렀다.

(2) 민생고, 자의반 타의반, 부익부 빈익빈, 장발족, 삥땅, 애나 봐라, 공돌이, 공순이, 솥뚜껑 운전수, 마담뚜, 복부인, 고스톱, 운동권, 의식화, 나는 한다면 하는 사람입니다, 어용교수, 싹쓸이, 러브호텔, 바쁘다 바빠

예문 (2)는 60~70년대 사용된 대표적인 유행어들이다. 이 중에 "민생고부터 해결하자."라는 말은 5.16 군사 쿠데타 이후 가장 먼저 등장한 구호로 가난으로부터 벗어나자는 의도에서 생겨난 말이다. 이 말은 이후 "밥을 먹자."라는 뜻으로 "민생고를 해결하자."의 형태로 쓰이기도 했다.

60년대 도시화의 바람이 불면서 지방에서 도시로 올라온 가난한 젊은이들은 공장 노동자가 되어 '공돌이'와 '공순이'로 불렸고, 일부는 부잣집의 식모가 되어 '솥뚜껑 운전수'라고 불렸다. 이 말은 이후 가정주부를 비하하는 말로 사용되었다.

"애나 봐라."라는 말은 1972년 유신 시대에 국회가 해산된 상황에서 무기력해진 사람들 사이에서 유행했던 말이고, "바쁘다 바빠."는 경제성장을 위해 숨 가쁘게 돌아가는 사회상을 풍자한 말이다.

(3) 큰 손, 유전무죄 무전유죄, 유비통신, 잘 돼야 할 텐데, 잘 될 턱이 있나, 이 나이에 내가 하리, 3당4락, 뻥이야, 롱다리, 일단 한 번 와 보시라니깐요, 음메 기죽어, 음메 기 살어, 잘났어 정말, 지구를 떠나거라, 별들에게 물어 봐, 누가 물어 봤어, 됐네 이 사람아, 김밥 옆구리 터지는 소리 한다, 딱 걸렸어, 두 번 죽이는 거다, 나가 있어, 몰래바이트, 마음을 비웠다, 백골단, 꽃병, 닭차, 돈세탁, 보통사람, 이 사람 믿어주세요, 우째 이런 일이, 썰렁하다, 거시기, 따봉, 오렌지족, 야타족, 밤새지 마라 말이야, 공주병, 명퇴, 이태백, 삼팔선, 사오정, 오륙도

예문 (3)은 80~90년대 사용된 대표적인 유행어들이다. 컬러 TV가 보급된 1980년대는 본격적인 대중문화가 시작되던 시기로 방송과 광고를 통해 유행어가 쏟아져 나오기 시작했다. 그중에 '큰 손'은 82년 건국 이후 최대 금융사기로 기록된 장영자 금융사기 사건에서, '유전무죄 무전유죄'는 88년 법 형평성의 부당함을 호소하며 우리 사회에 경종을 울린 탈주범 지강헌 사건에서 비롯된 말이다.

"잘 돼야 할 텐데."나 "잘 될 턱이 있나."라는 말은 전두환에서 노태우로 정권이 교체되면서 정치를 코미디 소재로 사용할 수 있게 되자마자 등장한 유행어로 당시 우리 사회의 모순을 날카롭게 꼬집은 말로 주목을 받았고, '별들에게 물어 봐.'라는 말도 모르쇠로 일관하는 기득권층의 태도를 비꼬는 말로 널리 사용되었다.

체질인류학적으로 '숏다리'의 운명을 타고난 한국인이 '롱다리'니 '숏다리'니 운운하는 것에서는 우리들 무의식 속에 '롱다리'를 미인의 기준으로 인식하고 있는 오리엔탈리즘을 읽을 수 있고, "바보 아냐.", "누가 물어 봤어.", "됐네, 이 사람아.", "김밥 옆구리 터지는 소리 한다.", "나가 있어."라는 말에서는 조롱이나 비난이 유머 코드로 활용되는 세태를 보여준다.

'슴풍슴풍'은 여성을 '애기 낳는 기계'로 비하하는 말이라는 비판의 목소리도 있지만, 인구 감소가 우리 사회 당면 과제로 부각되었음을 암시하고, '3당 4락'은 3시간 자면 대학에 합격하고 4시간 자면 불합격한다는 끔찍한 말이지만 매년 대입 응시생이 사상 최고치를 경신하던 80년대 교육 현실을 암시하는 말이다.

유행어는 단어 혹은 구와 절의 단위가 아니라 문장 단위로 실현되기도 한다. 예컨대 "아시다시피 장기화된 경기 침체와 청년 실업이 40만 명에 육박하는 이때 미래에 대한 철저한 준비 없이 어떻게 살아남을 수 있겠습니까?"라는 유행어는 구직난에 시달리는 80년대 젊은이들의 불안한 심리와 대책을 반영하고 있다.

금융위기 당시 등장한 '이태백(20대 태반이 백수), 삼팔선(38세가 위기의 선), 사오정(45세면 정년), 오륙도(56세까지 회사에 있으면 도둑)'라는 말은 청년 실업의 문제와 고용 불안정 문제를 냉소적으로 반영한 말이다.

(4) 헐, 즐, 뷁, 엽기, 대박, 얼짱, 몸짱, 완소, 루저, 훈남, 꿀벅지, 간지, 오타쿠, 폐인, 빠순이, 안습, 된장녀, 초딩, 엄친아, 품절남, 차도남,

까도녀, 듣보잡, 쩔어, 넘사벽

예문 (4)는 2000년대에 사용된 대표적인 유행어들이다. 이 가운데 2001년 최고의 유행어는 '엽기'다. 본래 엽기는 "괴이한 일이나 사물을 찾아다니는 행위"를 뜻하는 말이지만 요즘에는 '비상식적인 행위'를 뜻하는 말로 폭넓게 사용되고 있다. 그로 인해 '엽기녀', '엽기춤', '엽기송' 등 엽기가 넘치는 사회가 되었다.

이 시기에 널리 유행하던 '얼짱', '루저', '훈남', '꿀벅지' 등의 말은 외모지상주의를 부추기는 말로, '대박'이라는 말은 인생역전을 부추기는 말로 사용되었다. 이 말은 오늘날까지도 널리 사용되고 있다.

유행어 중에 대중이 널리 사용하는 말을 보면, 의외로 말초신경을 자극하는 것이 많다. 따라서 감수성이 예민한 청소년들이 유행어를 자주 사용하다 보면 자신도 모르게 부정적인 가치관이 형성될 우려가 높다. 그로 인해 자신의 생각을 제대로 표현하는 능력이 떨어질 수도 있다. 유행어가 그 시대의 정서와 미세한 말맛을 살려 민중의 호응을 얻은 생명력 있는 언어라 할지라도 인간의 가치를 떨어뜨리거나 도의적인 결함을 가진 유행어는 삼가야 할 것이다. 유행어는 대중들의 삶의 과정을 거짓 없이 대변하면서 물결처럼 흐른다.

2. 은어

은어는 특정 집단이나 계층에서 남이 모르게 자기들끼리만 쓰는 언어이다. 흔히 같은 환경에 있거나 특정하게 고립된 생활을 하고 있는 집단에서 발생하며, 다른 사람이 이해하기 어렵게 하여 자기 집단의 비밀을 유지하고 구성원의 결속력과 집단의식을 강하게 하려는 목적으로 사용된다. 요즘에는 진부한 일상어에서 탈피하여 쾌감을 주는 언어라는 점에서 특수 집단어로서의 기능 외에 일반 대중 언어로서도 많이 사용되고 있다.

은어의 역사는 길다. 그러나 은어도 유행이 있어서 시대별로 다른 성격을 지닌다. 은어는 주로 특수 계층에서 자기들만의 의사소통을 위해 사용되는 특징을 지닌다. 심마니들이 금기의 목적으로 쓰는 은어나 범죄 집단이 비밀 은폐를 위해서 쓰는 은어들이 그 예이다. 그러나 은어가 지니는 은폐성은 일상 집단에서 소속에 대한 만족을 표출하거나 그 은어 사용 집단의 일원임을 과시하려는 심리에서도 사용된다.

은어를 즐겨 사용하는 집단은 학생을 비롯하여 심마니나 범죄자 등 매우 다양한데, 여기서는 주로 대학생들의 은어를 대상으로 살펴보기로 한다.

(5) 1004(삐삐 약어): 여자 친구 혹은 천사
7942(삐삐 약어): 친구 사이
8282(삐삐 약어): 빨리빨리
딜리트 올: 헤어지다
부팅이 안 돼: 말귀를 못 알아듣다
세이브시키다: 머리에 암기하다
업그레이드시키다: 지위가 올라가다
하드디스크 포맷: 이성 친구를 정리하다

예문 (5)는 80~90년대 무선 호출기와 컴퓨터가 막 등장했던 시기에 사용된 은어로 지금은 사용되지 않는 말들이다. 새로운 매체의 등장으로 인해 기존의 은어가 새로운 은어로 대체된 것이다. 다음 예문은 학교생활이나 학점과 관련되어 있는 은어들이다.

(6) 달동네, 로얄석: 강의실 뒷좌석
대타친다: 대리로 출석하다
도자기: 도서관에서 자리를 잡아주는 이성친구
땡땡이 치다: 수업에 불참하다
메뚜기: 도서관에서 이리저리 자리를 옮겨다니는 학생
바퀴벌레, 뽀개불러리: vocabulary
복돌이: 군복무를 마치고 복학한 학생
복사꽃: 복학생 4학년인 남학생
비실비실: B, C학점이 많을 때
삼각함수 공부: 당구 치기

스트레이트학점: ABCDEF 학점 골고루
시들시들/크리스찬 디올: C, D학점이 많을 때
시추위: 시험대책 추진 위원회
쌍권총: F학점이 두 개 이상일 때
아바학점: A,B학점이 많을 때
에이뿔따구: A+ 학점
에프엠장학금(Father, Mather장학금): 집에서 주는 등록금
자체 휴강: 스스로 학교 수업 빼 먹는 경우
장학금 면제: 장학금을 타지 못함
장학생: 장거리 통학생
졸업식: 졸지에 실업자가 되는 식
주사파: 일주일 중에 4일만 학교 출석하거나, 4일 동안 술 마시는 사람들
지선상의 아리아: 학점이 안 나올 때
학쟁투: 학점쟁취 투쟁위원회
후들후들: D, F학점이 많을 때

예문 (6)은 대학 생활과 관련된 은어로 그 내용은 주로 학점, 수업, 학비 등에 관련된 것들이다. 대학생 은어는 비밀 은폐에만 목적을 두지 않고 대학생의 특권 의식이 작용한 것으로 보인다. 또한 자기 방어의 집단 심리 내지 대학 생활의 무료함과 욕구 불만의 표출 등으로 은어가 사용된 것으로 보인다. 시험이나 학점 따기는 역시 어렵고, 졸업 후 취직이 어려운 세태도 풍자하고 있다. 다음 자료는 학생 시위와 관련하여 쓰인 은어들이다.

(7) 꽃병: 화염병
난장깐다: 길바닥에 드러눕기
도바리: 도망간 학생
쥐잡이: 각목
체력단련: 학생시위
풀잎: 잡혀간 학생

예문 (7)은 80~90년대 초에 사용된 학생 시위 관련 은어인데, 당시에는 그만큼 시위가 일상적인 일이었음을 간접적으로 보여준다. 다음 자료들은 미팅이나 이성 관계와 관련된 은어의 예들이다.

(8) 놀자팅: 파트너 정하지 않고 하루 종일 즐겁게 노는 것
늑대목도리: 남자 친구
대일밴드: 일회용 파트너
땜팅: 정해진 파트너가 오지 않아 임시로 짝이 되는 미팅
리바이벌: 헤어졌던 애인을 다시 만나는 것
마네킹: 얼굴은 예쁜데 속이 텅 빈 여자
미추위: 미팅추진위원회
바퀴벌레: 몸을 맞대고 다니는 남녀
보험 미팅: 성사될 때까지 해주는 미팅
선팅: 선보는 것을 겸하는 미팅
설왕설래: 키스
수능팅: 대학 입시에 맞추어 파트너 정하는 것
소개팅: 소개를 시켜주는 미팅
씨씨(CC): 캠퍼스 커플(또는 캠퍼스 코메디)
여우목도리: 여자 친구
우심뽀까: 우리 심심한데 뽀뽀나 할까
월동준비: 애인 구하기
졸팅: 갑자기 하는 미팅
청춘사업: 연애
폭격기: 상대편이 마음에 안들 때
폭탄제거반: 못 생긴 파트너를 책임질 때 하는 말
학력고사팅: 대입 학력고사 때 시험 지원하는 것처럼 지원하는 것
현지조달: 즉석에서 구하는 파트너
호구조사: 미팅에서 서로 신상 명세를 묻고 대답하는 것

예문 (8)은 미팅과 관련된 은어들이다. '우심뽀까'나 '설왕설래' 등은 변화하는 성 풍속도의 일면을 암시하며, 한편으로는 성적 욕구를 언어로 해소하려는 하나의

방법으로도 생각할 수 있다.

은어의 특징이 그렇듯 사물 비유나 말 줄임 등으로 재미있게 표현하여 일종의 언어유희로서 회자되기도 한다. 그러나 '폭탄'이나 '마네킹' 같은 어휘는 사람에게 비유하기에는 심한 표현이라는 생각이 든다. 또한 '현지조달'과 '대일밴드'와 같은 어휘는 젊은이들의 사랑의 풍속이 일회적이고 가볍다는 것을 보여준다.

은어는 비밀성이 가장 큰 특징인데, 비밀이 해제되어 누구나 알게 되면 유행어나 속어가 되기도 한다. '고삐리', '중딩', '고딩', '왕따', '깡통계좌' 등은 처음에는 은어였지만 나중에는 속어가 된 예들이다.

3. 비속어

비속어는 격이 낮고 속된 언어이다. 대체로 일상 언어의 진부함에서 벗어나려는 욕망에서 비롯되며, 그 밑바닥에는 욕구 불만으로 인한 반항적 태도가 자리를 잡고 있다. 비속어를 엄격하게 구분하면 '비어(卑語)'와 '속어(俗語)'로 나눌 수 있다. '비어'는 '점잖지 못하고 천한 낮춤말'로서 욕말이 이에 속하고, '속어'는 '통속적으로 널리 쓰이는 속된 말'이다. 그러나 비어와 속어는 그 경계가 모호한 경우도 많기 때문에 '비속어'로 통칭하여 다루는 경우가 많다. 다음 자료는 비어에 해당하는 예들이다.

(9) ㄱ. 귀싸대기, 눈깔, 대가리, 손모가지, 아가리, 주둥아리
ㄴ. 갈기다, 뒈지다, 씹쭈구리하다, 이빨까다, 작살나다
ㄷ. 니미, 씨발, 절라, 존나, 졸라

예문 (9ㄱ)은 신체어 낮춤말이다. 주로 다른 사람의 신체를 낮추어 부를 때 쓰이는데, 우리 조상들은 부모에게 물려받은 신체를 소중히 여겨 머리털 하나 자르지 않았지만, 오늘날 이렇듯 함부로 부르는 것을 보면 인격에 대한 심각한 모욕이 아닐 수 없다. 예문 (9ㄴ)은 동사와 형용사 자료인데, 매우 거친 성정이 반영되어

있다. 예문 (9ㄷ)은 요즘 들어 매우 많이 쓰이고 있는 비어이다.

그런데 이러한 어휘를 청소년들이 즐겨 사용하고 있다는 것이 문제이다. 그 뜻을 알면 흉측하지만 아무렇게나 입에 붙여 일상적으로 쓰고 있는 현실이 매우 안타까울 뿐이다. 다음 자료는 속어에 해당하는 예들이다.

(10) 골때리다: 희한하다 또는 터무니없다
꼬불치다: 감추다
꼬시다: 여자를 낚다
꽝치다: 거짓말하다
나가리 시키다: 파산 시키다 / 무효로 만들다
당근이다: 당연하다
대개다: 매우 그렇다
말 씹다: 대답을 원할 때 상대방이 말해 주지 않는다
벙찌다: 황당하다
빡시다: 힘들다
뻑 가다: 화가 나다 / 반하다
뽕 가다: 기분이 좋다 / 반하다
십통대다: 투덜거리다
야마돌다: 화가 난다
죽이다: 무척 좋다
짤이다: 잘한다, 좋다
쪽팔리다: 망신스럽다
쫀쫀하다: 속이 좁다
찍히다: 남에게 선택받거나 약점 잡히다
찜박다: 감추다
캡이다: 최고이다
통밥 굴리다: 머리를 쓰거나 잔재주를 부리다
땡 잡다: 크게 이익이다.
짱 / 왕: 매우
뻥: 거짓말
짜가: 상표도용 물건

예문 (10)을 보면 비속어로 동사가 많이 사용되는 것을 알 수 있다. 아울러 부사의 경우 "왕 나쁘다, 짱 나쁘다, 존나 재수없다"처럼 형용사와 함께 쓰이는 경우가 일반적이다. 표현 대상은 여자에 대한 것이나 감정 표현 등 1차원적인 것들이 주류를 이룬다. 아울러 '매우'의 뜻을 많이 사용하고 있어 표현을 극대화 혹은 과격화하려는 성향을 엿볼 수 있다.

일반적으로 비속어에는 조롱 표현이나 분노 표현이 많은데, 이러한 표현은 일시적으로 유행하다 사라지는 것이 아니라 오랫동안 일상적으로 사용된다는 점에서 그 문제가 심각하다. 더욱이 마약처럼 사용하면 할수록 좀 더 거친 표현을 찾는다는 점도 문제이다. 특히 어린이와 청소년의 경우 비속어의 뜻도 모른 채, 좀 더 과격한 표현이나 거친 표현을 찾게 된다는 점에서 올바른 언어교육이 필요하다.

비속어는 그 어휘가 지니는 본뜻을 사전에서 찾을 수 없는 것들이 많다. 어디에서 온 단어인지 그 어원을 찾기 힘든 것들이 대부분이다. 특히 남성의 언어에서 비속어가 차지하는 비중은 결코 적지 않다. 상대적으로 적을지 모르지만 여성의 언어라고 해서 안심할 수 있는 상황은 아니다. 더욱이 우려되는 것은 방송언어에서도 비속어가 등장함으로써 시청자들을 오염시킨다는 점이다.

(11) ㄱ. 출연자: '식사하셨습니까?'를 중국말로 하게 되면 '즈팔놈아', 그러든데요.
진행자: 조금만 잘못하단 큰 실수할 것 같애. 맞아 죽을 것 같애, 잘못하다간….
ㄴ. 선생님: 어이 임마들 모두 대가리 박아. 이것들 처지도 모르고 까불고 있어. 똥오줌도 구별 못하냐. 오늘 어디 배울 차례지?"
학생: 아, 예. 빵점, 똥팔이 차례입니다.
ㄷ. 뽕, 아주 짜증나이. 이럴 땐 크로리즈를 씹자!
국물 맛이 끝내줘요!

예문 (11)은 TV, 라디오, 광고방송에서 찾은 비속어의 예인데, 2010년 국립국어원의 발표에 따르면 공중파 3사의 예능 프로그램의 경우, 1분에 한 번꼴로 저속한 표현을 사용하고 있는 것으로 나타났다. 이러한 상황 속에서 청소년들에게 비속어 사용을 자제하도록 교육한다는 것은 현실성이 거의 없는 발상이라고 할 수 있다.

언어는 곧 우리 의식 수준의 바로미터라고 할 수 있다. 그래서 언어를 보면 그 사람이 보이고, 그 사회가 보이는 법이다. 언어의 문제는 다만 언어의 문제가 아니라, 인간의 문제이자 사회의 문제이다. 유행어와 은어, 비속어의 사용 빈도가 많아질수록 대화가 무례해지고, 거칠어지고, 감정적이 되어간다는 점을 인정해야 할 것이다.

■ 토의거리 ■

1. 당대 사회상을 가장 잘 드러내는 대표적인 유행어를 선정한 다음, 그 유행어에 담긴 의미를 음미해보자.
2. 자신이 즐겨 사용하는 유행어와 은어, 비속어 등을 나열하고, 그 언어의 사용 심리에 대하여 심층적으로 분석해보자.

■ 읽을거리 ■

고길섶. 1995. 우리 시대의 언어게임. 토담.
김진호 외. 2002. 한국문화 바로 알기. 국학자료원.
김혜숙. 1990. 언어와 삶. 태학사.
이경복. 1995. 겨레여 생각이여 말이여. 고려원.
한영목. 1992. 언어와 사회. 한신문화사.

제14장

남성어와 여성어로 사회 들여다보기

남성의 언어와 여성의 언어는 본질적으로 다르다. 인류의 역사가 시작된 이래로 남성은 사냥꾼의 후손으로, 여성은 파수꾼의 후손으로 서로 다르게 진화한 결과이다. 그 결과 남성의 눈에는 움직임을 잘 포착하고 사물의 방향이나 속도를 감지하는 데 유리한 M세포가 많고, 여성의 눈에는 색깔과 질감을 식별하는 데 유리한 P세포가 많다.

어디 그뿐인가? 사용하는 목소리 주파수에도 차이가 난다. 남성이 사용하는 목소리 주파수는 100~150Hz이고, 여성이 사용하는 목소리 주파수는 200~250Hz 정도이다. 이러한 차이가 생긴 까닭은 남성의 성대(vocal folds)가 여성보다 더 크고 두꺼워서 더 천천히 진동하기 때문인 것으로 알려져 있다. 일반적으로 100Hz란 1초에 성대가 100번 진동한다는 뜻으로 소리가 클수록 주파수가 높다. 또한 여성어는 남성어보다 높낮이의 기복이 심하고 상승어조를 즐겨 사용하는 특징이 있다.

뇌의 무게도 다르고, 대화할 때 뇌가 활성화되는 방식도 다르다. 성인 남성의 뇌 무게는 1.4~1.5kg 정도지만, 성인 여성의 뇌 무게는 1.2~1.3kg 정도로 약 8%가량 남성의 뇌가 무겁다. 그러나 뇌 활동은 오히려 여성이 남성에 비해 활발하다. 대화를 할 때, 남성은 뇌의 특정 부위에서만 신경세포가 활성화되지만, 여성은 여러 부분의 신경세포가 동시에 활성화되는 것이다. 이는 좌뇌와 우뇌를 연결하는 신경다발인 '뇌량'이 남성에 비해 여성이 좀 더 오밀조밀하고 약 10%가량 넓기 때문인 것으로 알려져 있다.

즐겨 사용하는 어휘목록도 다르다. 남성과 여성의 성적인 차이가 언어의 차이를 가져오는 것은 자연스러운 일이다. 이와 관련하여 일부 학자들은 이러한 차이를 여성 차별의 역사적 산물로 분석하기도 하고, 또 일부 학자들은 여성과 남성의 본질적인 사고방식의 차이에서 비롯된 것이라고 분석하기도 한다. 이 장에서는 여성과 남성의 언어가 다른 사례들을 살펴보고, 이러한 차이에 대한 해석을 함께 생각해 보기로 한다.

1. 남성어와 여성어의 차이

일반적으로 영어에서 모음의 길이는 여성보다 남성이 짧게 발음하는 경향이 있다. 아울러 모음을 만들어내는 공간의 주변부를 여성이 남성보다 더 많이 사용한다. 이와 관련하여 음성언어학자 아드리안 심프슨(Adrian P. Simpson, 2009)은 여성이 남성에 비해 분명하게 발음하려는 경향이 있어 이러한 특징이 나타난다고 설명한다.

이처럼 남성의 언어와 여성의 언어가 다른 것은 발성법의 차이에서 비롯된 것도 있지만, 성대의 길이나 두께 등 신체적인 차이에서 비롯된 것도 있고, 카리브해 연안에 위치한 소앤틸리스 제도의 카리브 인디언들처럼 역사적인 이유로 남성의 언어와 여성의 언어가 다른 곳도 있다. 하지만 대체로 남성의 언어와 여성의 언어가 다른 것은 남성중심적인 사회구조가 만들어낸 차별의식에서 비롯된다. 실례로 '자매품'이라는 말은 있어도 '형제품'이라는 말이 없는 까닭은 사람과 관련된 말에는 남성 명사를 사용하고, 사물과 관련된 말에는 여성 명사를 사용하는 전통 때문이다. 마찬가지의 이유로 '모교(母校)'라는 말은 있어도 '부교(父校)'라는 말은 없다. 우리나라에서 남자아이가 '언니'라는 말을 사용하는 것을 엄격하게 금하는 까닭도 바로 그러한 이유에서 원인을 찾을 수 있다.

일반적으로 남성의 언어와 여성의 언어는 간투사나 표현 방식에 있어서도 차이가 많다. 여성은 "어머, 저런, 어머머, 어머나, 어쩜, oh dear, goodness, oh fudge" 등의 약한 간투사를 즐겨 사용하고, 남성은 "제기랄, 젠장, 씨, shit, damn" 등의 강한 간투사를 사용한다. 만약 여성이 남성처럼 강한 간투사를 쓴다면 눈총을 피하기 어렵고, 반대로 남성이 여성처럼 약한 간투사를 쓴다면 조롱을 받게 된다.

(1) ㄱ. 언제 저녁 먹지?
ㄴ. 어, 여섯시 경?
(2) ㄱ. 문 닫아라.
ㄴ. 문 좀 닫아 주세요.
ㄷ. 문을 닫아 줄래?
ㄹ. 문 좀 닫아 주시겠어요?
ㅁ. 문 좀 닫아 주시지 않겠어요?

그런가 하면 문장 표현에서도 차이가 난다. 여성은 강한 단언을 피하기 위해 부가 의문문을 즐겨 사용한다. 예를 들면 "요즘 물가가 너무 오르지 않았나요, 그렇죠?"라는 식이다. 그런가 하면 예문 (1ㄴ)처럼 언제 저녁을 먹을 건지 묻는 말에 여섯 시에 먹겠다고 말을 할 때도 상승 억양을 쓴다. 예문 (2)처럼 문을 닫아달라고 말을 할 때도 직접적이고 강한 표현보다는 완곡한 표현을 선호한다.

2. 언어의 성적 차이

남성어와 여성어는 성(性)의 차이에서 비롯된다는 생각이 일반적이다. 즉, 어려서부터 남성은 남성의 성역할을, 여성은 여성의 성역할을 강요받기 때문에 언어에 차이가 생긴다는 것이다. 예컨대 남자아이에게는 씩씩하게 말하도록 요구하고, 여자아이에게는 얌전하게 말하도록 요구하는 식이다.

그러한 요구가 하나둘 쌓이고 쌓여 남성은 단정적으로 말하고, 여성은 유보적으로 말하는 습관이 자리 잡게 되었다. 그로 인해 여성은 남성에 비해 아는 것도 많지 않고 신념도 부족한 것으로 비춰지지만, 사실 여성이 완곡한 표현을 사용하는 것은 화자 자신의 마음속에 확신이 없기 때문이 아니라 충돌을 피하고 싶은 마음과 그렇게 하는 것이 예의 바른 행동이라고 생각하기 때문이다. 즉, 어릴 때부터 '여성답게'라는 허울을 강요받은 언어 습관에 의해 여성의 존재가 그런 식으로 자리를 잡게 된 것이다.

어린 시절부터 여성은 여성다운 언어를 사용하도록 강요받았다. 즉 생각을 분명하고 자유롭게 표현하기보다 언어 예절을 지켜 단정적으로 말하지 않도록 배우는 것이다. 여성은 큰 소리로 화를 내거나 주장해서도 안 된다. 기껏해야 불평하는 것으로 그쳐야 한다. 사회는 여성에게 이러한 어법을 강요하면서, 한편으로는 진지한 토론에 끼어 들 수 없는 존재처럼 업신여긴다. 아울러 이에 근거하여 여성이 권력에 가까이 접근하는 것조차 거부한다. 이러한 상황 속에서 여성 스스로 그러한 인식을 받아들이는 일도 있다.

이와 관련하여 강주헌 옮김(1991)은 대용어를 통해 이러한 불평등 현상을 파헤치고 있다. 영어에서 'woman'은 'lady'에 비해 성적으로 저속한 표현이므로 'woman'을 대신해 'lady'를 즐겨 사용하지만, 'man'에는 그런 편견이 없다고 한다. 아울러 'spinster'는 '미혼 여성'을 뜻하는 말인데, 이 말은 결혼을 아직 못할 만큼 까다롭고 신경질적이며 남성으로부터 진지하게 유혹을 받지도 못하는 존재처럼 인식되는데 반해, 독신남성을 뜻하는 'bachelor'는 수많은 여성으로부터 유혹을 받지만 유혹을 물리치고 멋있게 혼자 사는 사람이라는 의미가 담겨 있다고 한다. 이 때문에 긍정적인 의미의 미혼 여성이라는 의미로 'bachelor girl'이라는 대용어가 사용된다고 하니 기가 막힐 노릇이 아닐 수 없다.

한편 한 단어가 여성에게 쓰이느냐 남성에게 쓰이느냐에 따라 해석이 달라지는 것도 남녀 불평등의 한 현상으로 볼 수 있다.

(3) ㄱ. 그는 전문가다. (He is professional.)
ㄴ. 그녀는 전문가다. (She is professional.)
(4) ㄱ. 그는 사업 중이다. (He is business.)
ㄴ. 그녀는 사업 중이다. (She is business.)
(5) ㄱ. 그는 돼지다. (He is pig.)
ㄴ. 그녀는 돼지다. (She is pig.)

예문 (3ㄱ)은 전문적인 직업의 법조인이나 의사 등을 가리키는 반면, 예문 (3ㄴ)은 직업적인 창녀를 뜻하는 말이다. 예문 (4ㄱ)에서는 직업적인 의미의 사업을 뜻하지만, 예문 (4ㄴ)은 성적인 의미의 행실을 뜻하고, 예문 (5ㄱ)은 말 그대로 뚱뚱하다는 뜻이지만, 예문 (5ㄴ)은 행실이 나쁜 여자를 뜻하는 말이다.

이렇듯 가리키는 말이 평등하지 않은 까닭은 여성을 섹스의 대상으로만 취급하는 남성중심적인 사회의 기저 관념 때문이라는 해석이 가능하다. 이와 관련하여 강주헌 옮김(1991)은 “여성은 개성적인 인간으로서가 아니라 남성과의 소유 관계에 의해서만 존재나 신분이 확인되고 있다. 언어적 불균형은 사회적인 불균형과 불평등을 그대로 반영하고 있는 자료가 된다. 언어의 불균형은 우리가 직접적으로 변화시켜야만 하는 것이라기보다는 외적 상황이 변화될 필요가 있음을 보여주는 실마리이기도 하다.”라는 주장을 펴고 있다.

정명진 옮김(1992)은 소년과 소녀가 성장 과정에서 근본적으로 다른 문화를 호흡하는 만큼 남녀 간의 대화는 전혀 다른 문화 사이에서 이루어지는 커뮤니케이션이라고 규정한다. 즉, 남자는 독립과 지위 관계를 중시하는 쪽으로 말을 하거나 듣는 반면, 여자는 친교와 대등 관계를 중시하는 쪽으로 말을 하거나 듣는 것이다. 따라서 여성과 남성은 살아가면서 말 때문에 서로 오해하거나 충돌할 위험이 상당히 높다.

‘친교’란 ‘똑같다’라는 인식에서 비롯되며, ‘독립’은 ‘다르다’라는 인식에서 비롯된다. 또한 ‘대등 관계’는 ‘균형’과 ‘평등’에 근거하며 “사람은 모두 똑같다.”라는 인식에서 비롯되지만, ‘지위 관계’는 ‘비대칭’과 ‘상하 관계’에 근거하여 “사람은 강자와 약자로 나눌 수 있다.”라는 인식에서 비롯된다.

‘린다’와 ‘조쉬’ 부부의 사례를 들어보자. 조쉬의 옛날 고등학교 동창이 조쉬에게 전화를 걸어 다음 달에 조쉬가 사는 도시로 올 것이라고 말했다. 이에 조쉬는 동창에게 주말을 같이 보내자고 초대했다. 그날 밤 조쉬는 집으로 돌아가 린다에게 손님이 온다는 사실과 그 친구를 만나 오랜만에 술집에서 회포를 풀기로 했다고 전했다. 이 말에 린다는 화가 머리끝까지 났다. 그녀는 그 전 주에 집을 떠날 예정이었다. 그래서 조쉬가 친구와 술집으로 가기로 한 날인 금요일 밤에는 출장에서 집으로 돌아오는 첫 밤이 되는 셈이다. 그러나 린다가 화가 난 이유는 조쉬가 이런 계획을 짜면서 자기에게 한마디도 묻지 않았다는 사실이다. 조쉬는 친구를 초대하기 전에 부인과 전혀 상의하지 않고 결정을 다 내린 뒤 통보만 한 셈이었다.

린다는 사전에 남편과 상의하지 않고 주말이나 주중의 계획을 혼자 짜는 일이 결코 없었다. 그녀는 자기 남편에게 왜 최소한의 예의도 지키지 않는지 이해할 수가 없었다. 그러나 그녀가 조쉬에게 항의했을 때 조쉬는 "내가 어떻게 친구에게 약속을 하기 전에 마누라에게 허락을 받아야 한다고 말할 수 있겠어."라고 말했다.

조쉬에게는 먼저 부인과 의논해야 한다는 것이 마치 허락을 얻는 것처럼 받아들여졌던 것이다. 그러므로 부인과 상의한다는 것은 그가 독립을 확보하지 못하고 있어 자기 마음대로 행동할 수 없다는 것을 의미하게 된다. 이런 상의는 또 그로 하여금 어린아이나 마누라 앞에서 벌벌 떠는 못난 인간이라는 인상을 준다고 생각했다. 그러나 린다에게는 남편과 상의한다는 사실이 전혀 허락과 무관하게 받아들여지고 있다. 그녀는 부부란 동고동락하는 만큼 한쪽의 행동이 상대방에게도 영향을 미치므로 가능하면 모든 일을 상의해야 한다는 입장이었다. 린다는 자신이 누구에게나 "우리 남편 생각이 어떤지 알아 봐야 한다."라고 쉽게 이야기하는 것처럼 남편도 매사에 그렇게 해 주기를 바라고 있는 것이다. 그녀는 늘 누군가와 함께 묶여 있고 자기 인생이 그와 더불어 이루어지고 있다는 사실을 상기할 때마다 아주 포근함을 느끼곤 했다. 린다와 조쉬는 둘 다 이 사건으로 화가 났으며, 이 문제가 두 사람이 가장 중요하게 여기던 신뢰를 건드린 만큼 그 파장은 엄청나게 컸다. 린다는 그들의 관계에서 친밀도에 결정적인 흠이 생겼다고 생각해서 마음이 상했고, 조쉬는 부인이 자기를 통제하고 자유를 구속하려 한다고 생각해서 괴로웠다.

남자들이 삶에서 자유를 확보하고 독립적인 생활을 중요하게 여기는 만큼, 자신을 통제하려 하고 행동을 구속하려는 다른 사람의 노력에 저항하는 것은 극히 자연스러운 일이다. 이 같은 세계관 때문에 '아내에게 쥐여사는 남편'이라는 표현이 보편화되어 사용되고 있다고 볼 수 있다. 또 많은 남자들이 아내가 무엇을 지시하려는 눈치를 파악하기만 하면 신경질적인 반응을 보이는 것도 이 때문이다. 여성들의 삶이란 역사적으로 볼 때 언제나 다른 사람의 요구, 즉 가족이나 남편의 요구에 의해 범위가 정해져 있기 때문에 '남편의 손아귀에 매여 사는 여자'라는 표현이 통용되지 않는다. 그러면 왜 이런 현상이 생겼을까? 여성들은 사람들을 상호의존적인 존재로 인식하기 때문에 자신들의 행동도 당연히 다른 사람으로부터 영향을 받아야 하는 것으로 풀이한다. 또한 여성 자신의 행동이 다른 사람에게 어떻게 영향이 미칠 것인지도 고려한다. 남자들이 자신만 강해지기 위해서 신경을 쓴다면, 여성들은 모든 사람들의 상호 관계를 원만하고 친밀히 하기 위해 신경을 쓴다.

또 한 사례를 들어보자. 남편이 이상하게 한 손만을 사용하고 있다는 사실을 부인이 알아채고는 왜 그런지 남편에게 물었다. 그녀는 언제부터 팔이 아파 못 쓰게 되었는지를 따졌다. 남편은 "몇 주 되었다."라고 대답했다. 이러한 대답에 부인의 반응은 남편도 놀랄 정도의 노여움을 담고 있었다. "그렇게 계속 해 보세요. 나를 낯선 사람 취급하다니!"

이 부인은 부부 사이라면 마음에 있는 모든 생각을 털어놓아야 한다고 믿었다. 남편이 팔을 다친 것도 물론 이야기를 꼭 해야 할 사항에 속한다. 그녀의 남편은 팔을 다친 사실을 부인에게 알리지 않음으로써 부인을 멀어지게 하는 결과를 낳은 것이다. 이에 대해 남편은 "남자들은 태어나면서부터 여자들을 보호한다고 배우지 않느냐. 나는 그녀를 위해서 그 사실을 말하지 않았다. 별로 심한 것도 아닌데 괜히 팔을 다쳤다고 이야기해서 그녀를 걱정하게 할 필요가 있느냐?"는 것이었다. 이 남자가 부인에게 말을 하고 안 하고를 결정하는 데는 그녀의 보호자라는 의식이 크게 작용하고 있음을 알 수 있다. 이를 다시 표현하면 자기가 부인보다 우월하다는 의식이라고 볼 수 있다. 그는 부인보다 튼튼하고, 또 자기가 하는 말 한마디에 부인이 고통 받을 수 있다고 생각한다. 이 남자로서는 중요한 이야기를 하지 않음으로써 둘 사이의 관계를 벌어지게 한다는 부인의 생각이 선뜻 납득이 가지 않는다. 남자에게는 친교가 전혀 문제가 되지 않을 수 있다. 그러나 부인의 관점에서는 남편에게 일어난 사실을 부인인 자신이 아는 것은 둘 사이에 필수조건이다. 그렇기 때문에 남편이 신상의 변화를 이야기하지 않았다는 사실은 곧바로 남편이 자기를 멀리하고 있다는 판단으로 연결되는 것이다. 남편이 강자의 입장에서 자기를 위하여 말하지 않았다는 것이 납득이 되지 않는다.

중요한 것은 이해하는 일이다. 각자 대화하는 스타일이 저마다 정당성을 가지긴 하지만 스타일이 다른 만큼 오해의 소지도 많기 마련이다. 남녀의 대화에서 서로가 문화적 배경이 다른 환경에서 태어나서 자랐다는 사실을 감안하고 접근하면 기분이 언짢아도 상대방을 비난하거나 헐뜯지 않게 된다. 단순히 공정하지 못하고 비이성적인 행동이라고 여겼던 일들이 스타일 차이에서 온다는 것을 인식하는 것만으로도 남녀 갈등은 어느 정도 줄일 수 있다. 적어도 언어 스타일 차이에서 연유하는 갈등만은 피할 수 있을 것이다.

3. 한국어에서의 여성과 남성

우리말에서 남성과 여성에 대한 대접이 어떠했는가 하는 것은 우리 속담에 아주 잘 나타난다. 우리 속담에서 여성 관련 속담이 무척 많은데 "가재와 여자는 가는 방향을 모른다, 계집은 늙으면 여우가 된다, 계집아이 나면 두 번 운다" 등과 같이 거의가 다 여성하대, 여성비하의 내용이다. 남성 관련 속담은 몇 안 되는데 남성에 대해서는 비하나 하대의 내용을 찾아보기 어렵다.

한국어 지칭어에서도 남성 언어, 여성 언어 구별이 깃들어 있는데 이것은 다른 언어에서와 마찬가지이다. 가령 '여의사, 여변호사, 여류명사, 여교사' 등 '여'를 붙여야 여성을 지칭하게 되는 지칭이 많다. 이는 전통적으로 그 직업을 한 쪽 성이 전담해 왔던 데서 기인한다. 최근에 '남자간호사, 남자미용사' 등으로 부르는 것도 이와 같은 현상으로 볼 수 있다. 경멸적으로 또는 모욕적으로 여자를 지칭하는 어휘는 많은데(갈보, 걸레, 메주, 암캐, 절구통, 화냥년), 남자를 지칭하는 말은 그리 많지 않은 것도 하나의 차별 현상이다.

언어상의 차이가 모두 의식상의 불평등과 관련되는 것은 아니지만 많은 부분 남성들이 여성에 대하여 또는 여성 스스로가 여성에 대하여 격이 낮게 취급해 온 차별화에 기인한다. 이와 관련하여 김진우(1985)는 노총각이라는 단어와 달리 노처녀라는 단어에 부정적인 가치 판단이 붙는 것은 순전히 우리의 '태도' 때문이라고 지적한다. 이러한 태도 때문에 똑같은 기질이나 성품이 그 소유주의 성(性)에 따라 다르게 표현된다. 그 결과 그는 진취적인데 그녀는 윤리관이 허술하고, 그는 웅변술이 좋은데 그녀는 말이 너무 많거나 주둥이를 너무 함부로 놀리고, 그는 용의주도하나 그녀는 소견이 좁으며, 그는 과감하나 그녀는 간이 부었고, 그는 우물 안의 개구리를 벗어나 세계인이 되어야 하지만 그녀는 암탉이 울면 집안이 망한다는 속설에 갇혀 살아야 하는 것이다.

4. 차이를 극복하는 방안

오랜 역사 동안 전통적인 남녀 차별로 인하여 언어적인 차이가 생겼을 수도 있고, 차별이 아니라 단지 차이로 인하여 언어적인 차이가 생겼을 수도 있다. 현대의 언어생활은 어떻게 이루어지고 있는지, 과연 성적인 차별로 인한 언어의 차이가 있는지, 그런 것이 있다면 그 극복 방안은 무엇인지, 아니면 차별이 아니라 단지 다른 것인지, 다르다면 왜 다른 것인지에 대하여 더 많은 연구가 필요하다. 이 문제는 혹시 우리의 언어가 불평등한 요소가 있다면 이를 인식하면서 고쳐야 할 것이고, 또는 서로 다른 점이 있다면 역시 서로 이해하기 위해 알고 있어야 할 것이라는 점에서 대단히 중요한 과제이다.

여자들은 이렇게 말한다	남자들은 이렇게 응수한다	여자들 말의 의미는 이것이다
우리는 좀처럼 외출을 하지 않아요.	그건 사실이 아니에요. 우린 지난주에 외출했었잖소.	나는 당신과 함께 외출하고 싶어요.
모두들 나를 무시해요.	안 그런 사람도 있어요.	내가 당신에게 특별한 존재임을 알게 해 주세요.
나는 너무 피곤해서 아무것도 못하겠어요.	어리석은 소리 말아요. 당신은 그렇게 무기력하지 않아요	내가 잘 해 나가고 있고, 나에게 휴식을 취할 만한 자격이 있다고 말해주세요.
모든 것을 다 잊고 싶어요.	당신 일이 마음에 안 들면 그만두면 되잖소.	나에게 무슨 일이 있었는지 물어주고, 내 얘기에 귀 기울여 주세요. 당신으로부터 이해받고 싶어요.
우리 집은 늘 엉망이에요.	늘 그런 건 아니지.	집안 정리하는 것을 좀 도와주실래요?
이제 아무도 내 말에 귀 기울여 주지 않아요.	지금 내가 당신 이야기를 듣고 있잖소.	내 얘기에 귀 기울여 주고 친절하게 물어봐 주세요. 그리고 내 기분을 이해한다는 표현을 해 주세요.
제대로 되는 일이 없어요.	그게 내 잘못이라는 거요?	당신과 얘기하고 싶고, 당신의 위로와 격려를 받고 싶어요.
당신은 더 이상 나를 사랑하지 않잖아요.	당신을 사랑하니까 내가 여기 있는 거지.	나에게 '사랑해'라고 말해 주세요.

존 그레이는 <화성에서 온 남자 금성에서 온 여자>에서 다음과 같은 주장을 한다. 먼저, 남자들이 여자의 말을 들을 때 어떻게 이해해야 하는가 하는 문제이다. 남자들이 어려워하는 점은 여자가 자신의 감정을 남자에게 얘기할 때 그것을 어떻게 하면 정확하게 이해하고 적절한 도움을 줄 수 있느냐 하는 점이다. 앞의 표는 이러한 몇 사례를 들고 있는 것이다.

다음은 남자들의 말에 대해 여자가 어떻게 이해해야 하는가 하는 점에 대한 것이다. 이 문제에서 여자들이 해결해야 할 가장 큰 어려운 점은 남자가 말을 하지 않을 때 그것을 어떻게 받아들일 것이며, 어떻게 해야 그가 필요로 하는 도움을 정확히 제공할 수 있느냐 하는 것이라고 지적하면서 다음과 같은 사례를 제시했다.

남자들은 이렇게 말한다	여자들은 이렇게 응수한다	남자들 말의 의미는 이것이다
난 괜찮소, 괜찮아요.	분명히 뭔가 잘못된 것 같은데 뭐예요?	곧 아무렇지도 않게 될 테니 걱정 말아요. 고맙지만 도움은 필요 없어요.
나는 아무렇지도 않아요.	뭔가 혼란스러워 하는 것 같은데 말 좀 해요.	내 문제나 감정은 나 스스로 처리할 수 있소. 만일 도움이 필요하면 당신한테 말하리라.
아무 일도 아니오.	당신을 돕고 싶어요. 당신을 괴롭히는 일이 뭔지 얘기해 주세요.	혼자 처리할 수 없는 골치 아픈 문제 따위는 없어요. 그러니 이제 더 이상 나에게 그렇게 묻지 말아주길 바라오.
괜찮으니 신경 쓰지 말아요.	정말이에요? 내가 당신을 도울 수 있다면 좋을 텐데요.	문제가 생기기는 했지만 당신 탓은 아니오. 당신이 자꾸 질문을 하고 말을 걸어서 나를 방해하지 않는다면 나 스스로 해결할 수 있어요. 그냥 아무 일도 없었던 것처럼 행동하는 것이 나를 도와주는 길이요.

위의 예문을 보면, 역시 여성과 남성이 생각하고 표현하는 방식의 차이를 서로가

이해할 필요가 있다는 점이 핵심이다. 그러나 우리는 그 다름에 대한 이해도 중요하지만, 여성과 남성의 생각 중 어떤 것이 바람직한가 하는 점을 아울러 생각하지 않을 수 없다. 이렇게 다른 사고방식의 장단점을 취하면서 비슷한 것으로 융화할 수는 없을까?

분명 여성의 언어는 사적인 대인 관계를 부드럽게 하는 힘이 있다. 반면에 남성의 언어는 공적인 대인 관계를 성공적으로 이끄는 힘이 있다. 그렇다면 이러한 장점을 절충하여 상황에 맞는 언어 구사가 있다는 점을 서로가 인식하면서 이해와 표현에 대한 노력을 기울이는 것이 좋을 것이다. 구현정(2003)에서는 여성은 친화력을 중심으로 대화하므로 상대방의 체면을 세우는 표현을 많이 하며, 단언보다는 동의를 구하는 간접적 표현을 많이 쓰므로 이것이 상황에 따라서는 자신감의 결여나 양다리 걸치며 발뺌하는 교활함으로 비추어질 수 있다는 점을 주의해야 한다고 하였다. 밀러(2002)에서는 상황을 관계 중심으로 보는 경향이 있는 여성들은 협상의 상황에서도 다른 사람을 위한 것이라면 마음이 편하지만 자기 스스로를 위해 협상하는 건 어려워한다고 지적하고 있다. 그리고 많은 젊은 여성들이 이렇게 생각하고 있다고 하였다. '사람들이 나에게 신경을 쓴다면, 내가 말을 하지 않아도 필요한 것을 알아서 해 주겠지.' 그러나 이것은 어린아이에게나 해당되는 생각이고, 성인이 되어서는 요구하지 않으면 알아서 당신이 원하는 것을 해 줄 사람은 아무도 없다고 충고하고 있다. 그러면서 다음과 같이 당부한다. "아무리 당신을 염려하는 사람들이라도 대다수는 당신의 마음을 읽을 수 없다. 그들에게 당신이 원하는 것을 표현해라. 아마도 당신이 원하는 것은 적당한 정도일 것이고, 오히려 당신이 실제 받아야 할 것보다도 적을 것이다. 당신이 원하는 것을 요구하는 것에 대해서 쩔쩔매고 당황스러워할 필요는 없다. 더도 말고 당신이 다른 사람을 위해 협상할 때만큼 적극적이고 열성적이 되어라."

한편 남성들은 회의를 할 때 서로를 배려하는 마음이 부족한 이유로 인해 충돌이 잦다. 서로 자기 생각을 주장하다 보면 싸움이 되기도 하고, 회의에서 다루어야 할 중요한 문제의 본질을 놓치기도 한다. 남성들은 회의를 할 때 여성이 한 명이라도 있어야 싸움이 안 일어난다고 말한다. 곧 관계 친화적인 중재를 남성들은 잘 못하기 때문에 갈등이 생겼을 때 회의의 과정이 어려워지는 것이다. 그러므로 남성들은 여성의 관계 친화적인 마음을 좀 배울 필요가 있다.

여성과 남성의 사고방식과 대화 방식은 두뇌 구조적으로 다르다고 하니 어쩔 수 없는 것일지도 모른다. 그러나 기존의 남녀 불평등의 수직적 인간관계나 여성 비하적인 선입견이 남성에게 존재하는 독립성이라는 특징으로 정당화될 수는 없을 것이다. 또한 똑같은 이유로 여성이 약하고 보호 받아야 한다는 타자의존적인 선입견이 여성에게 존재하는 한 친교성이라는 특징으로 정당화 될 수는 없을 것이다. 여성은 남성에 대해 안 알아준다고 속상해 하고, 남성은 여성에 대해 멋지게 군림하려고 하는 것은 어리석은 일이다.

시대가 많이 변하고 있다. 기존의 가치관이 실용적이고 평등한 것으로 눈에 띄게 바뀌어 가고 있는 만큼 남성과 여성의 인식도 많이 평등해질 것이다. 그러나 이 장에서 언급한 여성과 남성의 차이, 그리고 이해의 필요성은 여성의 아기 낳는 역할이 계속되고, 남성은 그 상황에서 여성을 도울 일밖에는 달리 할 일이 없는 한 영원히 지속되지 않을까? 물론 이것은 그저 한번 해보는 생각이다.

■ 토의거리 ■

1. 17세기 카리브 인디언들은 남성의 언어와 여성의 언어가 달랐다. 남성은 카리브(Caribe)족의 언어를 사용하고, 여성은 아라왁(Arawak)족의 언어를 사용한 것이다. 훗날 아라왁 족의 언어를 모태로 가리푸나(Garifuna)라는 새로운 혼성어가 등장하기 전까지 남성은 여성어를, 여성은 남성어를 사용하지 않았다. 그것은 심한 조롱거리였기 때문이다. 그 이유는 무엇일까?
2. 빨래를 개는 남편을 만들기 위해 아내는 어떻게 말을 해야 할까? 가장 좋은 방법을 설계하시오.

■ 읽을거리 ■

강주헌 옮김. 1991. 여자는 왜 여자답게 말해야 하는가(로빈 레이콥. 1973). 고려원.

구현정. 1994. 남, 여성형 어휘의 사회언어학적 의미. 어문학연구 3. 상명대 어문학연구소.

구현정. 2003. 대화. 인디북.

김경숙. 2002. 화성에서 온 남자, 금성에서 온 여자(존 그레이. 1993). 친구미디어.

김진우. 1985. 언어. 탑출판사.

남원식 옮김. 1985. 사회언어학개론(피터 트러길. 1986). 형설출판사.

이은선 옮김. 2003. 네 방식대로 즐겨라(로레타 라로슈. 2001). 더난출판.

정명진 옮김. 1992. 당신은 정말 이해할 수 없어요(데보라 터넌. 1990). 한국언론자료간행회.

조승연 옮김. 2003. 여성을 위한 협상의 법칙(리 밀러, 제시카 밀러. 2002). 연우출판사.

제15장

기성세대 언어와 신세대 언어로 사회 들여다보기

흔히 30년을 주기로 새로운 세대가 등장하는 것으로 알려져 있는데, 사회 환경의 변화 속도가 빠른 사회에서는 쌍둥이도 세대차를 느낄 만큼 세대의 주기가 짧다. 그렇다면 가수를 기준으로 이미자 세대가 기성세대일까, 조용필 세대가 기성세대일까? 서태지 세대가 신세대일까, 싸이 세대가 신세대일까? 여기에서 한 가지 분명한 것은 기성세대의 범주에 비해 신세대의 범주가 매우 좁다는 것을 알 수 있다. 그만큼 신세대의 주기가 짧아지고 있다는 것을 의미한다.

흔히 기성세대를 활자 세대 혹은 라디오 세대라 하고, 신세대를 영상 세대 혹은 스마트폰 세대라고 하는 것은 세대 차이가 생활 방식의 차이에서 비롯된다는 점을 상징적으로 나타내는 것이다. 생활 방식의 차이는 궁극적으로 사고방식의 차이로 나타난다는 점에서 세대 간 의사소통의 단절이 심각한 사회문제로 대두되고 있다. 아이와 할머니의 대화를 들어보자.

(1)손자: 서버가 9시까지 중단된대.
할머니: 뭐라고?
(2)손자: 메모리 카드가 8메가야.
할머니: 800원? 비싸지 않네.

이런 상황에서 손자와 할머니는 과연 대화를 이어갈 수 있을까? 그것이 문제가 아니라 관계를 단절될 수도 있다는 것이 더 큰 문제다. 신세대 문물에 대한 이야기 앞에서 기성세대는 어린아이가 된다. 영화 <집으로>를 보면, 아이는 치킨을 원하는데 할머니는 그게 무엇인지 모른다. 몸짓 언어로 의사소통을 하면서 할머니는 그것이 닭이라는 것을 알고 손자가 원하는 닭을 잡아서 백숙을 내놓는다. 아이는 "이게 무슨 치킨이야."라고 하면서 투정을 한다.

이쯤 되면 급격한 변화를 맞이하게 될 앞으로의 세대 차이는 또 어떤 모습일지 두렵기까지 하다. 같은 시간과 공간 속에 살면서도 세대 간 문물의 차이와 문화의 차이, 그로 인해 인식의 차이가 커져간다면 정말이지 우려하지 않을 수 없는 일이 일어날 것이다. 이러한 문제점을 이 장에서 살펴보기로 한다.

1. 세대 간에 왜 차이가 나는가?

기성세대와 신세대를 뚜렷하게 구분 짓는 기준이 있다면, 그것은 아마도 디지털 세상과 아날로그 세상이 될 것이다. 디지털은 급격한 사회 변화의 주된 요인이 되었다. 세상에서 일어나는 일들을 누구나 보게 됨으로써 일방적인 주입식 전통으로부터 탈피하게 되었다. 특히 인터넷과 SNS의 활용이 활발해지면서 인간의 활동 범위는 전 지구를 넘어 우주를 향하고 있다. 이러한 과정에서 새로운 용어가 등장하였고, 특히 대중 매체를 통해 유행어가 빠르게 퍼져나갔다. 그리고 그러한 언어가 만들어내는 세상의 가치관은 급격하게 변화되었다.

이러한 환경의 변화에 대해 신세대는 민감하고 빠르게 적응하였다. 그들은 변화에 익숙한 세대이기 때문이다. 그러나 이미 많은 것이 숙달되어 있는 기성세대는 새로운 것을 받아들이는데 한계가 있다. 그래서 쉽사리 적응하지 못한다. 성가시거나 겁이 난다. 그리고 쓸데없는 것이라고 외면하게 된다.

새로운 문물, 즉 문화적 산물이 많이 등장한다는 것은 두 가지 의미를 갖는다. 하나는 물질적 산물이다. 또 하나는 정신적 가치관이다. 물질적 산물의 측면에서는, 일일이 그 정도를 셀 수 없을 과학의 발전과 산업의 발전이 거듭되면서 많은 변화가 생겼다. 물론 새로운 것이 과거의 것을 대신함으로써 많은 것이 사라지기도 했다. 기성세대는 사라진 것에 대한 향수를 안고 살고, 신세대는 사라진 것에 대한 인식이 거의 없다. 새로운 것에 대해 신세대들은 신나 하면서 빨리 적응하고, 기성세대들은 놀라워하면서도 별로 적응하고 싶어 하지 않는다.

그러한 변화 속에서 발생하는 정신적 변화는 더욱 심각하다. 신세대는 알아야 할 사항이 생기면 인터넷 지식 검색을 통해 쉽게 정보를 얻는다. 이러한 편리함은 신세대의 생각하는 힘을 오히려 저하시키는 결과를 가져오고 있다. 즉각적으로 반응이 오는 것에 익숙하기 때문에 참을성이 없다. 기성세대에서는 작은 문제라도 이리저리 궁리하며 자신이 생각해 보려 애썼다. 그렇게 하지 않으면 결론을 낼 방법이 없기 때문이었다.

할머니 세대에는 개성보다 기존 질서를 따르려고 노력했다. 따라서 전통적 윤리관 속에서 생각하고 행동한다. 그러나 신세대들은 개성을 중시한다. 나의 생각과 다른 것에 대해, 그것을 왜 지켜야 하는지 납득할 만한 이유가 없는 한 따르지 않는다. 신세대는 다양하고 복합적으로 이모저모 궁리해야 할 사고 과정을 싫어한다. 반면에 그들은 솔직하다. 자신이 잘못한 것이 있어도 누구 눈치 볼 필요가 없다고 생각하기 때문에 자신을 있는 그대로 당당하게 드러낸다. 이에 비해 기성세대는 많은 것을 감춘다. 기존의 선입견 때문에 사회 문제를 일으킬 것에 대해서는 감추고자 한다.

신세대들은 정해진 기존 질서에 대해 반발하기 때문에 파격적인 것이나 엽기적인 것을 좋아한다. 머리카락이 빨간 색이면 어떻고 파란 색이면 어떠랴, 처음부터 까만 것이 정답이라고 정해진 것은 아니기 때문이다. 할머니 머리는 하얀 색이면서…. 어른들은 민소매를 입고 가슴을 보일 듯 말 듯 드러내며 텔레비전에 출연한 연예인을 욕한다. 걔네들은 꼭 저렇게 입어야 하나. 신세대들은 이러한 견해에 대해 이해하지 못한다. 할머니는 목을 드러내면서, 왜 가슴을 드러내면 안 된다고 하실까, 발목을 드러내면서 왜 팔을 드러내면 안 된다고 하실까. 허리는 어쩌다 드러나도 봐주면서 왜 배꼽은 안 된다는 거야. 대신에 신세대는 실용적으로 생각한다. 연예인의 그러한 차림을 비난할 이유가 있다면 그것은 난방비를 더 들게 하고 연료를 낭비하기 때문이다. 기성세대는 수업 중에 모자를 쓰는 것을 예의에 어긋나는 일로 받아들인다. 신세대에게 모자는 하나의 액세서리이자 취향의 문제이다.

가령 감지 않은 머리를 감추고 싶다든가 하는. 이러한 신세대 기호를 이해하는 선생님이라면 학생들에게 이렇게 충고한다. 모자 쓰는 건 괜찮은데, 얼굴이 안 보일 정도면 곤란하다. 수업 중에 내가 학생들 얼굴을 볼 권리가 있으니까.

그러나 기성세대와 신세대 간의 공통점도 많다. 인간의 욕망은 시대를 초월하여 영원하다는 것이다. 차이가 있다면 예전에는 남성들, 양반들 위주로 사회 출세를 위한 욕구가 있었다는 것. 반면에 신세대들은 누구나 다 욕구를 가지고 산다. 보고 듣는 것 많은 이 좋은 세상에 욕구가 없다는 건 오히려 이상한 일일 것이다. 정신 차리고 살지 않으면 사기와 거짓말 속에 휘말린다는 점, 우리가 사는 한국 사회의 정신적 수준은 결코 나아진 것이 없다는 점 그런 것들이다. 그리고 희망적인 것 하나를 든다면, 그래도 부유해진 환경 속에서 풍성한 먹을거리가 있다는 사실, 건강에 대해 신경 쓰며 살 여유가 생겼다는 점, 함께 응원할 국가가 있다는 점, 사람들 사이에 오고가는 사랑의 질과 양은 변하지 않았다는 점, 그런 것들이다.

2. 세대 간 언어 차이는 어떤 것인가?

세대 의식의 차이는 언어의 차이를 가져왔다. 우선 물질적 산물을 표현하는 언어에 대한 것을 살펴보기로 한다. 게임 언어를 예로 들어 보자.

(3) ㄱ. 형, 나 오십만원 주고 헬스 파티잔 살까?
ㄴ. 엄마 챔피언 벨트 하나 사면 좋겠는데, 코리아 샵몰에서 삼십삼만원이에요.

예문 (3ㄱ)의 발화를 들은 할머니는 깜짝 놀랄 것이다. "아니, 애들이 지금 간이 부었구나." 그러나 이것은 가상공간에서의 얘기다. 게임 공간 속에서 벌어 놓은 가상의 돈으로 무기인 창을 하나 구입하겠다는 이야기다. 엄마는 그래도 이러한 가상공간의 대화라는 것을 알고는 있다. 그런 상황에서 예문 (3ㄴ)의 발화를 듣고 또 가상공간의 얘기려니 하고, "그래 사라." 한다. "그럼 카드로 해요?" 그러나 이번에는 실제 현실이다. 미국의 레슬링 붐에 편승하여 구매욕이 생긴 것이다. 게임 공간에서 오십만 원씩은 손쉽게 썼기 때문에 돈 단위에 대한 감각이 없어진 것이다.

일부 통신언어는 특정한 집단에서만 사용되므로 위화감을 조장하고 우월감을 나타내는 방법으로 사용되기도 한다. 통신언어 중 외계어는 그 풀이가 특별히 외계어를 사용하지 않는 사람은 해석이 거의 불가능 할 정도이다. 그래서 외계어를 풀이할 수 있는 집단과 못하는 집단으로 나누어 그 우월감을 나타내려는 의도를 보여주는 경우도 있다. 즉 풀이할 수 있는 사람은 통신에 능숙하고 다른 사람이 알아보지 못하는 언어를 사용한다는 은근한 우월감을 나타내려는 성향을 보이기도 한다. 그에 비하여 외계어를 해석하지 못하는 사람은 그 집단에 끼지 못한다는 소외감을 느끼게 된다. 이러한 인터넷상의 위화감 조장은 결국 세대 간, 더 나아가 같은 세대에 있어서도 갈등과 단절현상을 불러올 수 있다.

사회 전반에 걸쳐 침투가 심한 외래어 역시 나이 많은 세대에게는 답답하고 주눅들게 하는 요소로 작용한다.

(4) ㄱ. 나는 늘 그와 라이벌이었는데, 별다른 노하우가 있는 것도 아니야.
ㄴ. 파킹하는 데 완전 쇼크 먹었어.

할머니 세대의 어른들이 위와 같은 표현을 알아듣기 힘들다. 무슨 말을 하는 건가 의아해할 것이다. TV를 보며 늘 불만이다. “뉴스 데스크? 데스크가 무슨 뜻이니?”, “푸드 마켓이라니?” 다음의 대화는 이러한 언어 이해의 장벽을 풍자한 것이다.

(5) 할아버지 : 손자야, ‘굿모닝’이 무슨 말이니?
손자 : ‘굿모닝’은 아침인사예요, 좋은 말이에요.
할아버지 : 굿모닝… 아침인사라 이거지 … 할멈한테 오랜만에 잘난 척 좀 해볼까?
할멈! 굿모닝
할머니 : 굿모닝? 씨레기국이유?

반면에 아이들은 주로 한자어에 대해 취약하다. "할머니, 퇴출이 뭐예요? 과식이 무슨 뜻이에요?" 아이가 일기장에 이렇게 썼다. "우리 할머니는 분리수고를 잘 하신다." 다음의 대화는 유행어의 사용으로 인한 언어적 장벽을 풍자한 것이다.

(6) 아이 : 형, 나 감자 맞아?
신세대 형 : 당근이지.
아이 : 아. 나는 당근이구나, 집을 나가자.
돌아 온 아이 : 할머니, 저 정말 감자 맞아요?
할머니 : 오이야.
아이 : 아, 나는 역시 감자가 아니구나. 집을 나가자.
다시 돌아온 아이 : 누나, 나 정말 감자 맞아?
누나 : 말밥이지.
괴로운 아이 : 아니 그럼 나는 도대체 누구란 말인가?

예문 (6)에 등장한 "당근이야", "말밥이지"는 새로운 유행어의 흡수 정도에 따라 차이가 생기는 사회적 방언이라고 할 수 있다. "오이야"는 지역 방언의 한 예이다. 지역 방언도 차츰 세대 간 방언이 되어 가고 있는 것이다.

우리 생활에서 경제성은 어디서나 항상 추구하는 것이지만, 과도한 줄임말로 인해 의사소통의 어려움을 겪는 현상 역시 세대 간 의사소통의 장애가 된다.

(7) 엄마, 저 이번 불금에 생파 갈 때 생선 사야하니까 용돈 좀 주세요.
버카충하는 데 만 원 썼더니 돈이 없어서요.

예문 (7)의 어휘를 '불타는 금요일, 생일파티, 생일선물, 버스카드충전'으로 알아들을 수 있는 구세대는 얼마나 될지 의문이다. 하지만 이미 '남친, 여친, 비번, 출첵, 야동, 과사(무실)' 등이 일반화된 것을 보면 이는 세대 간 문제를 넘어 국어의 전반적인 현상으로서 다루어야할 필요성이 있다. 아마도 과도한 줄임말 사용의 가장 큰 원인은 휴대전화 문자메시지에서 글자 수를 제한하고 있는 것이라고 짐작되기도 한다. 보통 80~90바이트 안에 단문문자를 보내려면 긴 단어도 줄이고 띄어쓰기도 안 하는 경향이 일반적인 언어양상으로 번진 결과라고 생각된다.

한편, 정신적 변화의 측면에서 발생하는 세대 간 언어 차이에 대해 살펴보자. 기성세대에는 없었던 신세대의 표현적 특징이 있다면, 남을 비난하는 표현, 극대화 표현, 추정적 표현을 들 수 있을 것이다. 다음이 그런 예이다.

(8) ㄱ. 황당하네, 바보 아냐?
ㄴ. 야, 죽이지 않냐? 끝내준다.
ㄷ. 너무너무 좋은 것 같아요.

예문 (8ㄱ)은 남을 우습지도 않다는 듯 비난하는 표현이고, 예문 (8ㄴ)은 과장을 극대화했으나 일상적으로 사용하는 표현이며, 예문 (8ㄷ)은 말끝마다 '같아요'를 붙여 자기 확신이 결여된 표현이다. 추정적 표현은 어쩌면 신세대적 특징이기보다는 연륜이 쌓이면서 자신과 세상에 대한 일가견이 생기면서 극복될 수 있는 것이라고도 볼 수 있다.

반면에 기성세대들은 권위적인 표현, 자기 합리화 표현, 차별화 표현들에 익숙해 있다.

(9) ㄱ. 내가 누군지 알아?
ㄴ. 내가 너한테 한 거 생각하면 니가 그러면 안 되지.
ㄷ. 얘들은 몰라도 돼.

예문 (9ㄱ)은 자신의 권위를 내세우며 수직적인 구도를 만들고자 하는 표현이고, 예문 (9ㄴ)은 자신의 입장을 굳게 지키기 위한 자기 합리화 표현이며, 예문 (9ㄷ)은 폐쇄적인 마음으로 "얘들은… / 여자들은…" 하는 식의 차별적 표현이다.

3. 이를 극복하는 방안은 무엇일까?

로레타 라로슈(2003)는 "내면의 목소리에 귀를 기울이면 우리가 원하는 게 무엇인지 알 수 있다."라고 말하였다. 우리가 원하는 세상은 가상공간의 커뮤니케이션

보다 살 냄새 물씬 풍기는 인간관계를 존중하는 사회다. 그럴 듯한 허울보다는 예의를 중시하는 사회다. 육체적인 매력보다는 건강을 강조하는 사회다. 강요가 아니라 선택에 의해 물건을 구입하는 사회다. 지위보다 친근감을 소중하게 생각하는 사회다.

세대 간의 공감대 형성은 바로 이러한 인간의 소망에서 한 곳에 모이는 것이 아닌가 한다. 그렇다면 세대 차이 극복 방안은 바로 여기에 있다고 볼 수 있는 것이다. 살 냄새를 어떻게 맡을 수 있을까, 바로 대화를 통해서 가능한 것이다. 신세대는 어른들에게 어른들이 모르리라 예상되는 것에 대해 자꾸 일러주는 친절함을 보여야 한다. 어른들은 신세대들에 대해 권위적으로 대하지 말고 마음을 열고 그들의 기호를 이해하고 기꺼이 즐거운 마음으로 동참해주는 노력을 보여야 한다. 부모와 자녀 간의 대화는 실상 매우 어렵다고 한다. 서로 믿는 관계라서 그런 것이다. 화나는 일이 있을 때 감추지 않고 있는 대로 드러낼 대상이 가족밖에 더 있겠는가, 그러다보니 복잡한 사회 속에서 얻는 스트레스를 가정에 돌아와 푼다. 자연히 정다운 대화는 설 자리가 없어진다.

세대 간 대화 단절을 우려하는 사회적 분위기도 필요하다. 그렇게 하지 않으면 할머니 세대는 소외되고 만다. 그러한 사회 풍토는 한 세대가 지난 삼십 년 후나 자신에게 바로 닥쳐올 실제 상황이라고 생각하면 된다.

■ 토의거리 ■

1. 황갈색 누더기 옷을 입고 낡은 가방을 낀 채 캠퍼스를 누빈 중국의 '마지막 석학' 혹은 '인간 국보'로 불리는 지셴린(季羡林)은 〈다 지나간다(閱世心語)〉라는 수필집에서 젊은이들이 대낮에 공공연히 입을 맞추는 모습이나 그보다 더 노골적인 행동을 하는 모습을 보면 가슴이 철렁 내려앉는다고 고백한다. 하지만 세대 차이는 적극 지지한다. 그의 주장처럼 세대 차이의 긍정적인 측면이 있다면 어떤 것들이 있을까?
2. 아버지의 언어와 나의 언어에는 어떤 차이가 있는지 정리해 보자.

■ 읽을거리 ■

구현정. 2002. 통신언어의 포스트모더니즘. 국어학 39. 국어학회.

구현정. 2003. 대화. 인디북.

이은선 옮김. 2003. 네 방식대로 즐겨라(로레타 라료수. 2001). 더난출판.

제16장

지역 방언으로 사회 들여다보기

우스갯말로 경상도 남자가 "이게 뭐꼬?"라고 하자 함경도 남자가 "뭐꼬가 무시기?"라고 물었다고 한다. 이처럼 경상도 말과 함경도 말은 조금 다르다. 그런데 "뭐꼬"라는 말이 "무시기"라는 말보다 조금 강하게 느껴질 것이다. 그로 인해 우리는 경상도 남자들이 다소 무뚝뚝하다는 말을 하게 된다. 즉, 실제로 경상도 남자 중에는 부드러운 남자들도 많지만 말소리 때문에 무뚝뚝한 것으로 알고 있는 것이다.

(1) 남: 국수와 국시의 차이점은?
여: 국수는 밀가루로 만들고, 국시는 밀가리로 만들죠.
남: 그럼, 밀가루와 밀가리의 차이점은?
여: …….
남: 하하, 밀가루는 봉투에 담고, 밀가리는 봉다리에 담는 거야.
그러면, 봉투와 봉다리의 차이점은 뭘까?
여: …….
남: 봉투는 침 발라 붙이고, 봉다리는 춤 발라 붙이는 거야.
여: 헐.

예문 (1)은 지역 방언의 차이를 보여주는 재미있는 사례이다. 방언이란 하나의 언어 체계 내부에서 여러 가지 사회 환경적 요인으로 인해 조금씩 다르게 분화된 언어를 가리키는 말이다. 이로 인해 의사소통이 안 된다거나 언어적 갈등이 생기는 것은 아니지만, 불편함을 느낄 수는 있다. 언어적 갈등이란 좁게는 의사소통의 장애로부터 넓게는 구성원들 사이의 이념적 차이에 이르기까지 매우 광범위한 개념이다.

실제로 한 언어 내부에 들어가 보면, 사용자마다 언어를 사용하는 방식이 조금씩 다르다. 지역이나 사회적 신분, 계층, 세대 간에 차이가 있다. 그러나 경우에 따라 이해하지 못하는 말이 있을 수는 있어도 의사소통이 불가능한 정도는 아니다. 한 언어 내의 이러한 언어적 차이를 우리는 방언이라고 한다.

그렇다면 다른 언어권에서는 어떨까? 중국의 경우 지역적으로 전체 방언을 7대 방언권으로 나누고 이를 다시 하위분류하는데, 적어도 이들 7대 방언권 사이에는 서로 의사소통이 되지 않는다. 그럼에도 불구하고 이들 방언을 한 언어권으로 묶는다. 그것은 한 언어의 음운과 문법, 의미체계의 특징을 공유하고 있고, 동일한 표기체계를 사용하고 있으며, 동일한 표준어를 삼고 있기 때문이다. 예를 들면, 서장어와 광동어처럼, 두 지역의 말이 서로 자유롭게 의사소통이 되지 않는다 해도 이들 지역이 똑같은 한자와 한문을 사용하고, 또 북경어를 표준어로 삼고 있는 점에서 중국어라는 상위언어의 하위 방언으로 본다. 반면에 미국과 멕시코 국경 지대에 있는 두 지역의 말은 매우 유사하며 자유롭게 의사소통이 되어도 각각의 표준어와 표기법을 가지고 있어서 이들은 다른 언어로 본다.

1. 표준어의 기능

어감이나 어휘가 다소 다를지라도 서로 이해하고 말이 통하는 각 지역 방언과는 다른 개념으로서 각 언어에는 표준어 규정을 두고 있다. 우리의 표준어는 표준어 사정원칙 제1장 제1항에 "표준어는 교양 있는 사람이 두루 쓰는 현대 서울말로 정함을 원칙으로 한다."로 되어 있다. 이 규정은 세 가지를 담고 있다. 첫째는 사회계층이다. 표준어는 '교양 있는 사람들'이 쓰는 말이다. 그렇다면 과연 교양 있는 사람들은 어떤 사람들인가? 현실적으로 우리는 이를 정확히 규정할 수는 없다. 오히려 이 규정은 표준어를 쓰는 사람들의 범위를 규정한다기보다는 표준어를 쓰는 일이 교양 있는 사람들의 기본 요건이 됨을 선언적으로 규정하고 있다고 보아야 한다. 다시 말하면, 표준어는 우리 사회의 일상생활과 행정과 교육, 방송 등에서 표준적으로 쓰이는 공용어이므로 공적인 생활을 하는 사람들은 반드시 이를 잘 지켜서 사용해야 한다는 것이다. 만일 공적인 자리에서 방언을 사용하여 구성원 사이의 의사소통에 장애를 초래한다면 이는 교양 있는 사람으로서 해서는 안 되는 일이라는 의미이다.

둘째는 시기적으로 '현대'의 언어이다. 언어는 역사적 변천의 결과물이다. 시간의 흐름에 따라 언어는 지속적으로 변화한다. 따라서 표준어는 현실 세계에서 실제로 사용되는 언어를 설정하여야 한다.

셋째로, 지역적으로는 서울말을 원칙으로 한다. 이는 서울이 대한민국의 수도로서 정치, 경제, 문화의 중심지이기 때문에 또한 당연한 규정이다.

지역적으로 수도의 방언이 표준어로 인정되는 현상은 외국의 경우에도 마찬가지이다. 영국의 표준어인 용인표준어(Received Standard)는 원래 영어의 한 지역 방언인 런던방언(London dialect)이 영국의 일반 교양 있는 계층의 사람들이 사용하는 계층방언(class dialect)의 지위로 변화하면서 확립된 것이다. 이를 영국에서는 왕의 영어(King's English)라고 부르기도 하고, 표준영어의 발음을 용인발음(Received Pronunciation)이라고 한다. 그러나 미국에서는 표준어에 대한 일반적인 규정은 없다. 일반적으로 서부방언을 일반 미국영어(General American)라고 하기도 하고, 때때로 방송진행자의 언어를 방송표준어(Network Standard)라 부르기도 한다.

표준어는 한 나라 국민으로 하여금 공통된 의사소통의 수단을 갖게 함으로써 국민 전체로서의 일체감을 갖게 하는 통일의 기능을 지닌다. 표준어의 기능에 대하여 이익섭(1993)에서는 통일의 기능, 우월의 기능, 준거의 기능을 꼽았다. 통일의 기능이란 국민 전체가 이질감을 느끼지 않고 유대감을 지닐 수 있게 하는 기능이라 하였다. 동향의 사람들을 만나 고향말을 들으면 낯모르는 사람일지라도 반가움을 느끼게 되는 것이 인지상정인데, 마찬가지로 다른 지방의 말을 들으면 고향의 말과는 이질적이라서 정다움을 느낄 수 없고 거부감까지 느낄 수 있다는 것이다. 그러므로 지역 공감대가 아니라 국민 전체의 공감대를 형성하는 데에는 통일된 표준어의 사용이 필요하다는 것이다. 우월의 기능이라 함은 사람들이 표준어를 구사한다는 것은 정상적인 교육을 받았다는 것을 뜻하며 스스로 식자층이라는 것을 표방하는 길이기도 하다는 점이다.

그런데 이익섭(1993)에서는 표준어가 우월의 기능을 가지는 사회는 문명사회일 것이라고 지적하면서 "표준어를 쓴다는 것은 식자의, 또는 상류층의 상징이기 때문에 누구나 표준어를 구사하고 싶어 하는 것이다. 그런데 이 점에서 보아 우리나라가 아직 비문명 국가가 아닌가 하는 의문을 지닌다. 근래에 와서 심해진 일이지만 표준어가 권위를 잃어 가는 현상이 자주 목격되기 때문이다. 다시 말하면 표준어가 정상적인 사회에서라면 누릴 권위를 잃고, 정상적인 사회에서라면 발휘할 우월의 기능이 힘을 내지 못하는 현실이 오늘날의 우리의 현실이라고 생각되기 때문이다. 서울 한 복판에서 오늘날처럼 당당히 사투리로 말할 수 있었던 시기가 일찍이 있었는지 모르겠다. 40~50대 사람들은 자기들이 서울에 유학 와서 사투리 때문에 말조심하던 시절을 회상하며 오늘날의 후배들의 태도가 얼마나 달라졌는가를 이야기하곤 한다. 전국에 방영될 TV카메라를 들이대도 조금도 서슴없이 사투리를 내뱉는다. 한마디로 표준어가 권위를 잃는 것이요, 그 우월의 기능이 약화된 것이다."라고 하였다.

표준어의 또 하나의 기능으로 이익섭(1993)에서는 준거의 기능을 꼽으면서 "표준어는 일종의 규범이다. 교통질서처럼 지각 있는 국민이면 따르고 지켜야 할 규범이되 우리 언어생활의 규범인 것이다. 따라서 표준어는 어떤 사람의 지각 있는 국민으로서의 준법정신이 어느 정도인가를 재는 척도로서의 구실을 한다. 하나의 규범을 지키게 함으로써 하나의 공동체를 이루고 그 성원들이 함께 지켜나가야 할 질서를 형성하는 것이다."라고도 하였다.

2. 방언의 가치

표준어는 일종의 가상언어로 국가사회의 균질성과 통일성을 유지하기 위한 권장언어이지 그것이 결코 방언보다 언어학적으로 우수하다거나 하는 의미는 아니다. 우리말의 표준어는 서울말이 격상되어 설정된 것이다. 이는 우리나라의 여러 지방 말 가운데 서울이 수도이기 때문에 서울의 말이 정치적으로 영향력을 지녀 표준어로 정해진 것이지 서울말 자체가 언어학적으로 우수하다거나 서울 사람들이 우수하기 때문이라고는 할 수 없다. 방언은 비록 표준어는 아니지만 우리 사회의 살아있는 언어로서 나름대로의 가치를 지니고 있다. 방언은 언어적 다양성과 표현력을 확보하여 준다.

표준어는 여러 방언의 형태 가운데서 가장 영향력이 큰 말만을 골라 놓은 것이기 때문에, 표준어의 사용을 고집하다 보면, 자칫 우리말의 다양한 요소를 제거하는 잘못을 범할 수 있다. 예를 들어, 울산지방에서는 도라지를 구분하여, 야생의 것은 '도라지'이고 집에서 재배한 것은 '돌개'라고 한다. 거품은 충남일대에서는 '거큼', 제주에서는 '개끔'이라고 하는데 보령 · 논산 등에서는 '버큼' 전북일대에서는 '버쿰'이라고 한다. 반면에 함경남북도 지역에서는 '더품'이라고 한다. 이 모든 언어들이 한국어의 다양한 무형의 자산들이다. 방언에는 한국인의 정서가 녹아있고, 한국인의 숨결이 살아 숨쉰다.

우리말 지역 방언으로는 함경 방언, 평안 방언, 황해 방언, 강원 방언, 중부 방언, 충청 방언, 전라 방언, 경상 방언, 제주 방언이 있다. 이 방언들은 모음 체계, 어휘, 통사, 높낮이, 길이, 세기, 빠르기 등에서 서로 다른 차이를 보인다. 이 중 특히 말의 높낮이가 방언임을 특징적으로 드러내며, 끝말 즉 종결어미 유형도 두드러진 특징들 중 하나가 된다.

그러면 이러한 지역 방언들은 어떠한 향토색을 지니는가? 말의 높낮이, 길이, 세기, 빠르기 등의 일반적인 경향은 그 말의 어감을 형성한다. 사실 표준말을 하나의 이상적인 한국어라 한다면, 전체로서 한국말을 이루는 각 지방의 방언은 실제로 언중들이 구사하는 살아 숨쉬는 언어라는 점에서 더욱 생명력 있는 언어이며 따라서 거기에는 체험적으로 감지할 수 있는 풋풋한 향토색이 배어 있다.

이정민 교수는 표준어와 방언 사이의 태도와 관련하여 "첫째는 모두가 자기 방언에 대해서는 타도 사람들보다 훨씬 큰 호감을 가지고 있다는 사실이다. 둘째로 표준어에 대해서만은 지방인이나 서울 사람이나 똑같이 다 긍정적인 태도를 지니고 있다는 사실이다. 즉, 두 그룹의 4분의 3이 표준어를 '듣기 좋다'고 판단하고 있으며, 거의 반이 '상냥하다'고 평가하고 있다. 셋째로는 남녀의 태도가 꽤 다르게 나타나는데, 여성들이 남성들보다 자기 방언에 대해 상당히 부정적인 태도를 가지고 있다는 사실이다. 예를 들면, 경상도 남자들 대다수는 경상도 방언이 '씩씩하고 듣기 좋다'고 생각하는데 경상도 여자들은 소수만이 그렇게 생각하였다. 전라도 남성의 반이 전라방언이 '듣기 좋다'고 판단하는데, 전라도 여성은 소수만이 이에 동의했다. 충청도 남자의 30%만이 충청도 방언이 '촌스럽다'고 생각하는데, 무려 70%의 충청도 여성은 자기 방언이 '촌스럽다'고 했다. 제주도에서도 55%의 제주도 남자들이 자기 방언이 '듣기 좋다'고 판단함에 비해, 제주도 여성은 20%만이 이에 동의한다. 여성들이 남성들보다 표준어에 민감하다는 것을 암시한다."라고 주장한다(김진우. 1990).

주관적이긴 하지만 우리나라의 충청도, 전라도, 경상도, 그리고 서울을 비교해 보자. '충청도 양반'이라는 말이 보여 주듯 충청도 사투리는 절대 서두르는 일 없이 느긋하고 느린 어투이며 끝말이 "~유"로 되어 있다. 충청도의 이러한 언어적 특성은 충청도 사람들의 인간적 면모를 비춰 준다. 어투에서 오는 느긋함에서 그들의 여유 있는 인생관과 투박한 정을 느낄 수 있다. 반면에 말이 느린 만큼 생각도 뜸 들여 마음속에 묻어 두는 일면도 있지 않을까 한다. 마음속에 계산이 되어 있으면서 애써 속내를 드러내지 않는다.

다음에 소개하는 일화는 충청도 기질에 대해 얘기할 때 즐겨 인용되는 예문이다(월간조선 2001년 12월호). 충청도 어느 시골의 5일장 장터에서 시금치, 고구마순 몇 다발, 고추 몇 무더기, 옥수수 몇 개를 길가에 늘어놓고 팔고 있는 사람과 사는 사람 간에 오가는 대화이다.

(2) 손님: 이거 팔 거유?
상인: 그럼 구경시킬라고 갖고 나왔겄슈? (예, 하면 될 것을 반드시 이렇게 표현한다.)
손님: 월매래유?
상인: 알아서 주래유. (절대로 얼마라고 먼저 말하지 않는다.)
손님: 1000원 드리쥬.
(여기서부터가 중요하다. 만일 값이 마음에 들지 않으면 홱 돌아 앉

으며)
상인: 갖다 돼지나 멕일래유.

전라도는 야무지고 당차며 시시비비를 잘 가리는 듯한 인상을 주며 끝말은 '~께' 로 되는 경우가 많다. 자신의 의사를 뜸들이지 않고 뚜렷이 하는 주체적이고 의지가 강한 사람으로서의 독특한 개성이 엿보이기도 한다. 이정민 교수의 조사에 의하면 충청도 방언에 대해 '촌스럽다'는 반응이 나온 반면 전라도 방언에 대해 '간사하다'는 반응이 나온 것이 대조된다. 경상도 말씨는 말의 높낮이가 독특하여 상당히 이질적이고 딱딱한 언어이다. 남성들이 이 방언을 쓰면 무뚝뚝하게 느껴지는데, 여성들이 이 방언을 쓰면 아주 상냥하게 느껴질 수도 있다. 그러나 여성들이 수다스럽게 경상도 사투리를 구사한다면 아주 소란스러운 언어가 될 소지를 다분히 가졌다.

서울 남자가 경상도 아가씨와 미팅을 했다고 한다. 남자가 아가씨에게 "다시 한 번 만났으면 합니다." 하니 경상도 아가씨 수줍어하며 답하기를 "언제예."라고 했다. 남자는 만날 날을 묻는 줄 알고 날짜를 말했다. 그랬더니 아가씨 왈 "어데예."라고 했다. 이번에도 남자는 만나는 장소를 묻는 줄 알고 또 장소를 말했다. 경상도 말 '언제예, 어데예'가 일종의 거절 표현인 것을 서울 남자는 몰랐던 것이다.

앞서 살펴본 주관적인 의미의 향토색은 서울말을 기준으로 보았을 때 느낌인지도 모른다. 역으로 지방 사람들의 생각에는 오히려 서울말이 이상하게 들릴 수도 있다. 서울말은 엄밀히 말하면 중부 방언이지 표준어는 아니다. 표준말을 서울말로 정하긴 했지만 현실적으로 서울말은 표준어와 가장 가까운 말일 뿐이다. 서울말은 끝 억양이 올라가는 것이 특징이며 말을 딱딱 끊는 맛이 있다. 그러니 지방 사람들이 보기에 서울 사람들은 깍쟁이 같고, 이기적이며, 뺀질이인 반면에 교양 있고 품위 있으며 세련되어 보일 수도 있다. 이를 보면 사람들은 모두 자신이 쓰고 있는 방언이 가장 친근한 언어로 느끼고 있어서, 자기 방언에 더욱 후한 점수를 주고 옹호하는 것이 아닌가 싶다. 이러한 사정으로 인하여 자기 말, 자기 지역에 울타리를 치고 다른 지방을 적대시하는 감정이 생겨날 수도 있다. 그러므로 지역별로 독특한 개성들이 모여 우리 한국의 멋을 이루고 있음을 생각하고 서로 우호적인 감정으로 다른 사람을 인정하고 이해하려는 노력이 필요하다.

3. 방송 드라마에서의 사투리

요즈음 방송에서 쓰는 말씨, 그 가운데에서도 텔레비전 드라마에서 쓰는 말씨를 보면, 표준어와 사투리의 경계를 넘나드는 모습을 볼 수 있다. 이러한 문제는 그동안 심심치 않게 거론되어 왔는데, 여전히 말씨를 가다듬는 방송인의 노력을 촉구하는 과제로 남아 있다.

아나운서와 대담자가 만드는 현실적인 프로그램과 달리 드라마는 예술적인 표현물이며 창조물이다. 국어 순화에 남다른 관심을 가진 이라 할지라도 텔레비전 드라마에서 표준말만을 써야 한다고 고집할 수는 없을 것이다. 그러나 드라마에서 사투리를 선택하여 쓰는 기준이 너무 허술해서는 안 된다. 사투리도 넓게 보아 우리말임에는 틀림없지만 특정 지역에서만 쓰이는 말이기에 특별한 때가 아니면 두루 쓰이는 표준말을 써서 어느 지방 할 것 없이 스스럽지 않게 해야 할 것이다. 이것이 표준말을 써야 하는 원칙이라면 원칙일 터인데, 드라마의 말씨가 이 선을 넘어설 때 그 내용과 상관없이 문제가 생기는 것이다.

먼저 사투리 사용이 꼭 필요한 경우, 또는 보는 이들로 하여금 호응을 받을 수 있는 경우는 언제일까? 여러 관점에서 여러 가지 답이 나올 수 있겠지만 이를테면 다음과 같은 상황에서는 사투리를 써야 할 필요가 있다고 생각된다.

드라마의 배경이 서울의 문명과 동떨어진 지역으로 설정되었다면 사투리를 씀으로써 토속적인 냄새를 한층 더 물씬 풍기게 할 수 있다. 오래 전에 텔레비전에서 방영된 <검생이의 달>은 전라남도 신안군을 배경으로 한 드라마였는데 여기에서 전라도 사투리의 사용은 필수적이었다고 생각된다. 서울 물을 먹어 보기는커녕 평생토록 그 고장을 뜨지 못한 채 고기잡이로 살아가는 이들의 생활을 그린 이 작품에서 선택할 수 있는 유일한 말은 오직 그 고장 말이기 때문이다. 그뿐만 아니라 이 드라마는 사투리를 사용함으로써 작품 전체의 분위기를 특이하게 만들면서 주제를 부각시키는 효과도 보았다. 이 드라마에서 사용된 전라도 사투리는 그 지방 말이 아주 생소한 시청자들에게조차 친근감를 더하였다. 심지어는 "지랄하고 자빠졌네.", "이년아, 니년 밥맛 떨어지면 에미는 살 될 줄 아냐.", "아따, 입이 짝 찢어져부렀다. 제기랄." 따위의 욕설도 삶의 현장을 가감없이 묘사한 것으로 여겨져 거부감을 주지 않았다. "난 옷도 젖었고 싸목싸목 걸어 갈 테니께 싸게 가 보더라고.", "하이고, 고기가 참말로 쏭쏭하요, 이." 같은 귀를 솔깃하게 하는 어휘의 사용은 표정이나 몸짓과 함께 연기하는 이의 성격을 부각시키는 데 한몫을 했다.

이와 달리 서울에서 벌어지는 일을 그린 드라마라 하더라도 등장인물을 좀 더 현실감 있게 드러내려고 사투리를 쓰게 할 수도 있다. 이를테면 순진한 시골 처녀가 서울로 올라와 서울의 유행을 따르지 않고 있는 그대로 순박하게 열심히 살아가는 모습을 그리려면 그 시골 처녀에게 서울 말씨보다 시골 사투리를 쓰게 하는 편이 더 좋을 것이다. 아주 오래 전에 텔레비전에서 방영한 드라마 <달동네>에서 나오는 '양순이'라는 시골 처녀가 그런 경우에 속한다.

등장인물에 변화를 주려고 사투리를 선택해서 쓰는 경우도 있다. 예전에 방영된 텔레비전 드라마 <야망의 세월>에서 대한건설의 회장이 쓰는 평안도 사투리가 그 좋은 예이다. 여기서는 남자 주인공의 우직함과 좀 다른 면에서 또 다른 우직한 인물을 변화 있게 드러내는 효과를 내었다.

그런가 하면 드라마의 사투리가 일시의 흥미만을 노리고 부린 잔재주로 여겨지는 때가 있다. 이를테면 드라마에서 비중이 별로 없는 역할을 하는 이가 짬짬이 특유한 사투리를 쓰는 때가 있다. 이럴 때에는 흔히 잔재미를 더하려고 사투리 몇 마디만 되풀이해서 쓰게 하는데 이것이 정통 방언이라기보다 개인의 특유한 말씨에 지나지 않을 때가 많다. 예전의 텔레비전 드라마 <서울뚝배기>에서 안씨라는 인물이 구사한 "~껄랑요."는 넓게는 중부 지방 사투리에 든다고 할 수 있으나 말끝마다 "~껄랑.", 혹은 "~껄랑요."를 쓰는 것은 그 방언의 옳은 구사가 아니다. 안씨가 쓰는 "~껄랑요."는 중부 지방 사투리가 아니라 개인적인 말투에 지나지 않았다. "~요."와 "~여."의 중간쯤 되는 발음에 코 먹은 소리까지 곁들인 윤 마담의 어미처리도 방언의 구사라고 할 수 없었다. 그저 딱 다물어지지 않은 말투를 쓰게 함으로써 좀 모자란 듯한 분위기를 내려는 연출 의도가 아닌가 생각한다.

코미디나 코미디 드라마에서도 유행을 노려서 사투리를 소재로 한 프로그램이 많이 제작되고 있다. 특유의 기질까지 가미한 내용으로 구성되기도 한다. 그러나 말씨를 수단으로 해서 사람을 웃기려는 것은 그리 진지한 방법은 아니라고 생각된다. 사람을 웃기려면 좀 제대로 웃겼으면 좋겠다. 그러려면 말씨를 정상적으로 구사하고, 내용으로 웃음을 끌어내야 하지 않을까? 드라마가 인간과 인간이 대립하는 현실을 소재로 하고 있다면 사투리를 배제할 수 없는 일이다. 그러나 사투리가 작품의 주제와 긴밀하게 관련되지 않는다면 되도록 많이 쓰지 않는 것이 좋다. 잔재미를 노리고 사투리나 유별난 말투를 남발하는 드라마는 그런 말씨로 하여 흥미를 줄지는 모르지만, 그 흥미를 넘어서 주제에 접근하고 삶을 생각하게 하는 감동을 줄 수는 없다.

드라마에서 사투리를 구사할 때에는 제대로 된 사투리를 쓰는 일 또한 중요하다. 아나운서가 정확한 발음으로 표준어를 써야 하듯 특정 지역의 사투리를 쓰는 연기자 또한 그 사투리를 정확히 구사해야 한다. 그 지역에서 태어나서 그 지역에서 자란 토박이가 아닌 사람이 그 지역 사투리를 정확하게 쓰기란 매우 어려운 일이기에 정확한 사투리의 구사야말로 연기자가 지는 가장 무거운 짐이 되어야 한다. 그 고장 말씨를 잘 아는 사람은 그 고장 사투리를 잘못 쓰는 연기자에게서 안일한 연기 태도를 읽게 되고 드라마를 만드는 이들의 성실성을 의심하게 된다. 억지 말이 아니라 제대로 된 말씨를 구사하는 데에는 낱말의 높낮이, 발음, 강세와 억양, 어휘의 선택 등이 중요하다. 이 가운데에서도 까다로운 문제는 낱말의 높낮이와 발음이다. 요즘에는 이를 극복하기 위해 방언 사용자에게 대본을 읽히고 이를 녹음하여 연기자가 듣고 따라하는 연습을 통해 자연스러운 연기를 펼치는 경우도 많다고 한다.

드라마를 보면 서울 말씨를 쓰는 연기자마저 발음이 정확하지 않을 때가 많다. 중부 방언에는 일부의 [어]를 [으]로 소리 내는 습관이 있는데, 이를 드라마 대사에 무조건 반영하여 [증말(정말), 으째서(어째서), 즈이집(저희집), 읍따(없다), 은제(언제)]와 같은 발음을 한다. 서울 사람들이 실제로 쓰는 말씨를 반영하여 읽는 대사가 아니라 말하는 대사로 자연스럽게 연출하려는 노력이긴 하지만 서울 사람이라고 해서 모두가 [어]를 [으]로 발음하는 것은 아니다. 중부 지방 사투리의 발음을 그런 식으로 드라마에 반영하다보면 그야말로 우리가 제정한 표준말은 드라마에서 쓸모

없는 것이 되고 만다. 또한 방송의 영향으로 인하여 이 땅에서 표준 발음이 사라지게 되는 결과를 가져 올 수도 있을 것이다.

그런가하면 어떤 연기자는 습관적인 경상도 모음의 음가를 버리지 못하는데, 그런 발음으로 서울 말씨를 사용하면 이 또한 매끄럽지 못하다. 예전의 텔레비전 드라마 <나의 어머니>에서 첫째 딸로 나오는 이의 대사가 그랬다. 이는 듣는 이로 하여금 이맛살을 찌푸리게 한다. 경상도 사투리는 낱말에 아주 독특한 높낮이가 있다. 이를테면 '메느리' 따위는 '고－저－저' 형이고 '아부지, 아가씨, 라디오' 따위는 '저－고－저' 형이다. 그런데 이런 것이 제대로 구사되지 않는다. 한 드라마에서 "지금 안에서 라디오 듣고 계십니더.", "아가씨가 우엔 일이십니꺼?" 같은 데서 '라디오, 아가씨'가 '고－저－저' 형으로 구사되는 것이다. 예전에 방영된 드라마 <물의 나라>에서도 경상도 사투리를 구사하던 연기자의 말씨가 불안정했다. "나 간대이."에서 '간'에 약한 강세가 놓여야 하는데 '대'에 센 강세가 놓였다. 또 '친구들'에서 '친'이 높게 발음되어야 하는데 '구'가 높게 발음되기도 했다.

뉴스 프로그램이건 드라마이건 대중 매체인 방송 프로그램을 두고 말씨와 발음 같은 언어 문제를 전문적으로 지적하는 작업이 반드시 필요하다. 우리는 시청각 기재를 사용하면서 흔히 시각의 효과를 의식하여 여러모로 공을 들이면서 청각의 효과에는 관심을 크게 쏟지 않는 경향이 있는데 이는 반성해야 할 일이다. 방송 드라마에서 적절한 말씨를 선택하여 제대로 사용하는 일은 무엇보다도 드라마 만드는 이의 애정과 노력을 엿보이게 하고 나아가 그 드라마가 알찬 맛을 가질 수 있게 하는 중요한 과제임을 기억해야 한다.

4. 우리 말, 언어적 교감의 수단

"봇씨요, 봇씨요"
"위째 그러시오?"
"저녁 묵은 것이 얹힌 모양인디…"
"알겄구만이라"

"소금허고 된장국물뿐인디요, 워떤 것이 더 졸란지 몰르겄네요이"
"이 밤중에 된장국물은 맹글기 심들 것이고 소금이나 한 주먹 주시씨요."
"아니어라, 있는 된장 찬물에다 푸는 것인디 머가 심들어라. 된장국물이 좋으시먼 그걸로 허시씨요."
"그래 주겄소."
"야아. 얼렁 맹글 팅께 방에 들어가 기시시오. 추우먼 속이 더 꾀인디"
-「태백산맥」 제1부, 74쪽. 월녀와 정참봉의 대화 부분

위에 사용된 지역 방언은 소설의 향토색을 물씬 전달하여 독자로 하여금 그 지역 사람이 아니라도 공감대를 형성하게 만든다. 가상의 설정이 아니라 현실적인 삶의 모습이 그대로 투영되어 있는 효과를 주기 때문이다.

한 나라를 구성하고 있는 국민들의 언어가 지역별로 다르게 형성되어 온 것은 자연스러운 현상이다. 그러므로 지방 사람이 공식석상에서 표준어를 구사한다는 것은 그 억양까지 서울말로 하라는 의미보다 표준어로 제정된 어휘를 사용하라는 의미 정도로 해석해야 하는 것인지 모른다. 그런데 지역마다 특징적인 억양이 있으며, 어휘보다 오히려 억양의 다름으로 인해 방언으로 간주되고 있는 점을 생각하면 어휘만을 표준어로 쓰자는 것 또한 규범에 맞는 일은 아니다.

또한 언어의 동질성으로 인하여 동향끼리 서로 우정을 나누는 일은 언어가 교감의 매체이기 때문에 부정할 수 없다. 그러므로 서울말로 동화되기를 바라는 것 자체가 불가능한 일일지도 모른다. 다만 대승적 차원에서 모든 지역 방언은 한국어라는 동질성 속에 녹아들고 동화되어야 한다. 가령 외국인에게 한국어를 가르칠 때 서울말을 가르칠 필요가 있다. 서울말이 공식적인 표준어이기 때문이다. 곧 대외적인 상황에서는 표준말의 권위가 바로서야 하는 것이다.

말씨가 다르다는 이유로 혹은 고향이 다르다는 이유로 지역 간 위화감을 조성하는 일만큼 어리석은 일은 없을 것이다. 지역마다 다르게 구사되는 수많은 어휘들은 역사적으로 오랜 기간 민족의 정서를 표출하던 언어 유산이라는 점에서 소중히 다루어야 한다. 동시에 세계무대에서 동일한 한국어를 쓰는 한국인으로 살아남기 위해 표준어 교육의 중요성과 필요성도 간과되어서는 안 될 것이다.

■ 토의거리 ■

1. 한국의 지역 방언에서 느껴지는 어감의 향토색에 대해 의견을 나누어 봅시다.
2. 우리의 바람직한 언어생활이 꼭 표준어를 익히고 구사해야 하는 것인지, 아니면 자연스러운 고향 말을 그대로 쓰는 것인지에 대해 토의해 봅시다.

■ 읽을거리 ■

김진우. 1990. 언어, 그 이론과 응용. 탑출판사.
이익섭. 1983. 한국어 표준어의 제문제. 한국 어문의 제문제. 일지사.
이익섭. 1984. 방언학. 민음사.
이익섭. 1993. 표준어의 기능. 우리말 우리글. 한양대학교출판부.

참고문헌

강주헌 옮김. 1991. 여자는 왜 여자답게 말해야 하는가(로빈 레이콥. 1973). 고려원.
강현석. 2002. 의사소통 능력의 습득. 문화와 의사소통의 사회언어학(사회언어학회 엮음). 한국문화사.
고영근. 1988. 남북한 언어, 문자의 이질화와 극복방안 (1),(2). 주시경학보 2,3집. 탑출판사.
고영근. 1989. 북한의 말과 글. 을유문화사.
고영근. 1996. 우리 언어문화의 뿌리를 찾아서. 한신문화사.
고은 · 김우창 · 유종호 · 이강숙 엮음. 1995. 책, 어떻게 읽을 것인가. 민음사.
곽영철 옮김. 1994. 언어와 인간(모리오카 켄지. 1970). 한양대학교출판부.
구현정. 남, 1994. 여성형 어휘의 사회언어학적 의미. 어문학연구 3. 상명대학교 어문학연구소.
구현정. 2002. 대화의 기법. 경진문화사.
구현정. 2002. 통신언어-언어 문화의 포스트모더니즘. 국어학 39. 국어학회.
구현정. 2003. 대화. 인디북.
구현정. 2004. 바람직한 화법교육의 방향. 한말연구학회발표집.
국립국어연구원 편. 1991. 우리말의 예절. 조선일보사.
국립국어연구원. 2001. 국어순화자료집. 국립국어연구원.
국립국어연구원. 2003. 언론 외래어 순화자료집. 국립국어연구원.
권삼윤. 2001. 둘러대는 한국어, 핵심 찌르는 영어. 신동아 9월호. 동아일보사.
김경숙. 2002. 화성에서 온 남자, 금성에서 온 여자(존 그레이. 1993). 친구미디어.
김경일. 1999. 공자가 죽어야 나라가 산다. 바다출판사.
김남호. 2002. 광고와 페미니즘. 대학국어. 상명대학교.
김도환. 1993. 한국 속담 활용 사전. 한울아카데미.
김동소 옮김. 1985. 알타이어형태론개설(람스테트. 1952). 민음사.
김미형 · 임소영. 1990. 북한정기간행물의 사회언어학적 고찰. 북한 · 통일연구논문집

(V). 통일원.
김민수. 1988. 국어순화의 현실과 전망. 국어생활 14. 국립국어연구원.
김민수. 1989. 증보판 북한의 국어연구. 일조각.
김방한. 1983. 한국어 계통론. 민음사.
김봉순 1999. 신문기사에 반영된 필자의 주관성. 텍스트언어학.
김삼오. 1994. 한국언론 이대로 좋은가. 자유사상사.
김상우 편저. 2003. 논설문 분석을 위한 언어논리해설. 청송.
김상준. 1986. 방송과 우리말. 정음사.
김선희. 2001. 우리 사회 속의 우리말. 한국문화사.
김수경. 1989. 세 나라시기 언어력사에 대한 남조선학계의 견해에 대한 비판적 고찰. 평양출판사.
김수현 옮김. 2003. 스토리텔링(안네 시몬스. 2001). 한・언커뮤니티.
김슬옹. 1994. 사고력을 키우는 어휘 탐구 우리말 산책. 미래사.
김슬옹. 2003. 시사논술, 겹눈으로 세상 보기. 신동아 11월호(통권 530) 특별 부록. 동아일보사.
김슬옹. 2003. 언어전략의 일반 특성, 한말연구 13. 한말연구학회.
김영미. 1994. 방송광고언어연구. 대구대 석사학위 논문.
김옥순. 1992. 광고에 관한 기호학적 접근. 새국어생활 2. 국립국어연구원.
김완석. 1992. 광고 언어의 심리학. 새국어생활 2. 국립국어연구원.
김용석. 2002. 깊이와 넓이 4막 16장. 휴머니스트.
김윤경. 1996. 언어와 행동. 한국문화사.
김재원 외 옮김. 2000. 사회언어학(버나드 스폴키. 1998). 박이정.
김정수. 1990. 한글의 역사와 미래. 열화당.
김종택. 1992. 국어어휘론. 탑출판사.
김중원 옮김. 1994. 만남, 대화 그리고 치유(존 샌포드. 1990). 하나의학사.
김진우. 1990. 언어, 그 이론과 응용. 탑출판사.
김한영 외 옮김. 1998. 언어 본능(스티븐 핀커. 1994). 그린비.
김형규. 1962. 국어사연구. 일조각.
김형주 외. 2002. 훈민정음과 문자론. 역락.
김혜숙. 1991. 현대국어의 사회언어학적 연구. 태학사.
김혜숙 편저. 1990. 언어와 삶. 태학사.
남성우・정재영. 1990. 북한의 언어생활. 고려원.
남원식 옮김. 1985. 사회언어학개론(피터 트러길. 1986). 형설출판사.

류　렬. 1990. 조선 민족어 발전력사연구. 평양.
리의도. 1993. 오늘의 국어 무엇이 문제인가. 어문각.
문화관광부. 2001. 아름답고 정겨운 우리말. 문화관광부.
문화체육부. 1994. 생활 외래어 순화집.
문화체육부. 1997. 국어순화자료집. 문화체육부.
민현식. 1997. 국어 남녀 언어의 사회언어학적 특성 연구. 사회언어학 5-2. 한국사회언어학회.
박경자 외 옮김. 1996. 심리언어학 입문(스타인버그. 1993). 한신문화사.
박동근. 2001. 통신언어의 유형에 따른 언어학적 기능 연구. 어문학연구 10. 상명대학교.
박병채. 1989. 국어발달사. 세영사.
박영순. 2001. 한국어의 사회언어학. 한국문화사.
박정숙 옮김. 2002. 설득의 법칙(로저 도슨. 1992). 비즈니스북스.
방운규. 2004. 돈 관련 속담에 나타난 한국인의 의식구조. 겨레어문학 31. 겨레어문학회.
백원담 편역. 1999. 인문학의 위기. 푸른 숲.
서은아. 2003. 신문광고와 언어. 역락.
서은아. 2007. 글쓰기로써 말하기 또는 네티즌의 펌글, 댓글, 악플, 아이디 그리고 이모티콘의 언어학적 분석. 커뮤니케이션북스.
서정수 외. 1999. 세계 속담대사전. 한양대학교출판부.
서정수. 1988. 서구 외국말의 문제. 국어생활 14. 국립국어연구원.
서정수. 1991. 생각하는 힘을 기르는 문장력 향상의 길잡이. 한강문화사.
서정수. 1993. 말과 생각의 관계. 우리말 우리글. 한양대학교출판부.
서정수·노대규. 1983. 말과 생각. 한양대학교출판부.
선혜영 외 옮김. 1986. 왜 언어가 철학에서 중요한가(아이안 해킹. 1975). 서광사.
성명희 외 옮김. 2000. 심리언어학(토미사 스코벨. 1998). 박이정.
성백인. 1981. 만주어음운론연구. 명지대학교출판부.
손석춘. 1997. 신문 읽기의 혁명. 개마고원.
손세모돌. 1998. 창의적인 생각 체계적인 글. 한국문화사.
송경숙. 2000. TV 생방송 토론의 사회언어학적 분석. 사회언어학 8-1. 한국사회언어학회.
시정곤·정주리·장영준·박영준·최경봉. 2003. 한국어가 사라진다면. 한겨레신문사.
신익성. 1985. 훔볼트의 언어사상. 서울대학교출판부.
신인섭. 1992. 우리나라 광고 언어의 변천사. 새국어생활 2. 국립국어연구원.
신현숙. 1988. <로동신문>을 통해 본 북한의 언어현상. 한글 200. 한글학회.
심재기. 1987. 국어어휘론. 집문당.
심재기. 1994. 한국사람의 말과 글. 지학사.
안동환 옮김. 1995. 과학과 인간의 목표(아나톨 라포포트. 1991). 한국문화사.
우리말 살리는 겨레 모임. 2003. 우리말·우리얼 39.
유석훈 외 옮김. 2000. 언어학(위드슨. 1998). 박이정.
유진우·오상현 옮김. 1999. 지의 논리(고바야시 야스오·후나바키 다케오. 1995). 경당.
윤길순 옮김. 2001. 심리학(나이젤 벤슨. 1998). 김영사.
이경복. 1997. 겨레여 생각이여 말이여. 고려원.
이규호. 1978. 말의 힘. 제일출판사.
이기동 외 옮김. 1997. 말 그 모습과 쓰임(피터 파브. 1993). 한국문화사.
이기문 외. 1990. 한국어의 발전 방향. 민음사.
이기문. 1972. 국어사개설. 민중서관.
이기문. 1980. 속담사전. 일조각.
이병혁 편저. 1986. 언어사회학 서설. 까치.
이석규(공). 2003. 언어와 사회. 역락.
이애라. 2000. PC 통신의 대화 언어가 국어 생활에 미치는 영향. 국어교육연구 13. 광주교육대학 초등국어교육학회.
이연택. 2003. 토론의 기술. 21세기북스.
이영석. 2002. 세계화 시대의 국제어. 동남기획.
이원복. 2002. 먼나라 이웃나라-우리나라. 김영사.
이은경. 1997. 방송에서의 외래어 사용 실태와 순화방안. 국어학회.
이은선 옮김. 2003. 네 방식대로 즐겨라(로레타 라로슈. 2001). 더난출판.
이익섭. 1983. 한국어 표준어의 제문제. 한국 어문의 제문제. 일지사.
이익섭. 1984. 방언학. 민음사.
이익섭. 1993. 표준어의 기능. 우리말 우리글. 한양대학교출판부.
이익섭. 1994. 사회언어학. 민음사.
이정복 외. 2000. 바람직한 통신 언어 확립을 위한 기초 연구. 문화관광부.
이정호. 1995. 포스트모던 문화 읽기. 서울대학교출판부.

이종인 옮김. 2000. 말을 듣지 않는 남자 지도를 읽지 못하는 여자(엘렌 피즈 · 바바라 피즈. 2000). 가야넷.
이찬규 옮김. 2003. 언어 커뮤니케이션(로이 베코. 1998). 한국문화사.
이현복. 1993. 표준발음의 교육방법에 대하여. KBS 한국어 연구 논문 37. 한국방송공사.
임유종. 1993. 광고표제부에 대한 연구. 한양어문연구 11. 한양어문학회.
임철규 옮김. 1993. 인간의 본질에 관한 일곱가지 이론(레즐리 스티븐스. 1973). 종로서적.
자유공론. 2000. 지금 평양은. 자유공론(2004. 4)
자하어문학회 엮음. 1990. 북한의 조선어학. 한신문화사.
장복명 외 옮김. 2001. 언어와 문화. 박이정.
장영준. 1999. 언어의 비밀. 한국문화사.
전정미. 2002. 대학생을 위한 말하기 교육. 화법연구. 한국화법학회.
정대현. 1984. 한국어의 철학적 분석. 이화여자대학교출판부.
정명진 옮김. 1992. 당신은 정말 이해할 수 없어요(데보라 태넌. 1990). 한국언론자료간행회.
정보통신부 한국전산원. 2001. 한국 인터넷 백서.
정주리. 1994. 생각하는 국어. 도솔.
정현종 옮김. 1980. 아는 것으로부터의 자유(크리슈나무르티. 1969). 정우사.
제프리 존스. 2000. 나는 한국이 두렵다. 중앙 M&B.
조규태. 1999. 한글의 우수성. 한글사랑.
조선일보사 · 국립국어연구원 편. 1994. 우리말의 예절 - 화법의 실제와 표준. 조선일보사.
조승연 옮김. 2003. 여성을 위한 협상의 법칙(리 밀러, 제시카 밀러. 2002). 연우출판사.
차현실 · 전혜영 · 박창원. 1998. 현대국어의 사용실태 연구 - 방송과 신문에 사용된 언어를 중심으로. 태학사.
최기호 외. 1985. 국어학서설. 정음사.
최기호. 1986. 가치관이 담겨 있는 방송언어. 방송심의 65.
최기호. 1987. 방송언어의 어제와 오늘. 방송심의. 방송심의위원회.
최기호. 1992. 몽골어의 문법과 회화. 한강문화사.
최기호. 1993. 남북한의 언어정책. '남북한 국어통일을 위한 국제 학술대회' (북경).
최기호. 1993. 한국어의 계통연구. 몽골학 1. 한국몽골학회.
최기호. 1994. 한글맞춤법 새 길라잡이. 토담출판사.

최기호. 1995. 사전에 없는 토박이말 2400. 토담출판사.
최기호. 1998. 알타이어족설은 수정되어야 한다. 문학과 의식.
최기호. 2001. 좋은 글 올바른 글쓰기 새 길라잡이. 동광출판사.
최상은. 2003. 조선사대부가사의 미의식과 문학성. 보고사.
최상진. 1980. 속담으로 푼 한국인의 성격. 신동아 3월호. 동아일보사.
최용기 편. 2003. 언론 외래어 순화 자료집. 국립국어연구원.
최은경. 1998. 영어 이야기 언어 이야기. 한국문화사.
최철호. 2003. 대중매체에 나타난 한국어의 모습. 한국의 언어문화. 경북대학교출판부.
최혜실. 2003. 광장에서 글쓰기. 신동아 11월호(통권 530) 특별 부록.
한국방송공사. 1987. 방송언어 변천사. KBS 한국어연구회.
한국사회언어학회 엮음. 2002. 문화와 의사소통의 사회언어학. 한국문화사.
한국어내용학회 편. 1998. 모국어와 에네르게이아. 국학자료원.
한국의 언어문화 편찬위원회. 2003. 한국의 언어문화. 경북대학교.
한국정신문화연구원 편. 1993. 언어 문화 그리고 인간. 고려원.
한국정신문화연구원. 1984. 국어순화교육. 한국정신문화연구원.
한국화법학회. 1999. 국어화법과 방송언어. 한국화법학회.
한상기 옮김. 2002. 명료한 사고(하이 럭클러스. 1990). 서광사.
한상기. 1994. 논리적 사고(퍼틸. 1970). 서광사.
한영목. 1992. 언어와 사회. 한신문화사.
한학성. 2000. 영어공용어화, 과연 가능한가. 책세상.
허병두. 1997. 글쓰기 열두마당. 고려원미디어.
허웅. 1981. 언어학. 샘문화사.
허웅. 1983. 국어학. 샘문화사.
현용수. 2004. 재미 교육학자의 자녀교육 성공노하우. 신동아 2월호 동아일보사.
홍성민 옮김. 2001. 나는 왜 영어공용어론을 주장하는가(후나바시 요이치. 2000). 중앙 M&B.
홍성호. 2000. 교열리포트. 케뮤니케이션북스.
홍연숙. 1995. 입말투에 기초한 서울말과 평양말의 사회언어학적 비교 연구. 사회언어학 3. 한국사회언어학회.
황병순. 1996. 말을 알면 문화가 보인다. 태학사.
황적륜 외 공역. 1994. 사회언어학. 한신문화사.
KBS 아나운서실 한국어연구회 편. 2000. 바른말 고운말. 대교출판.

한국어와 한국사회

한국어를 통해 들여다본 한국인의 자화상

지은이 / 김미형·김형주·임소영·최기호
펴낸이 / 김진수
펴낸곳 / **한국문화사**
133-823 서울특별시 성동구 아차산로 3(성수동1가) 502호
등록 / 제2-1276호(1991.11.9)
전화 / (02) 464-7708·3409-4488
팩시밀리 / (02) 499-0846
1판 1쇄 인쇄/ 2013년 9월 25일
1판 1쇄 발행/ 2013년 9월 30일
가격 / 13,000원
잘못된 책은 바꾸어 드립니다.

ISBN 978-89-6817-067-6 93710

이 책은 2013학년도 상명대학교 교내연구비를 지원받아 수행되었습니다.